Willibert Pauels

Von wegen Hokuspokus

AF185178

Der Autor

Willibert Pauels alias »Ne Bergische Jung«, geb. 1954, ist ein kölsches Original, Büttenredner, Kabarettist und katholischer Diakon. Er schreibt als Kolumnist für den Bergischen Boten und ist regelmäßig mit seinem »Wort zum Samstag« im Kölner Domradio zu hören.

Willibert Pauels

Von wegen Hokuspokus

Die befreiende Kraft des Glaubens

HERDER

FREIBURG · BASEL · WIEN

Titel der Originalausgabe: *Lachen, Leiden, Lust am Leben.*
Die befreiende Kraft der Religion
© Gütersloher Verlagshaus, Gütersloh 2018

© Verlag Herder GmbH, Freiburg im Breisgau 2024
Alle Rechte vorbehalten

Die Bibelverse wurden, soweit nicht anders angegeben,
folgender Ausgabe entnommen:

Die Bibel. Die Heilige Schrift
des Alten und des Neuen Bundes.
Vollständige deutsche Ausgabe
© Verlag Herder, Freiburg im Breisgau 2005

DIE BIBEL

Umschlaggestaltung: Gestaltungssaal, Rohrdorf
Umschlagmotiv: Panptys / GettyImages, © seamartini / GettyImages

Satz: Daniel Förster, Belgern
Herstellung: GGP Media GmbH, Pößneck

Printed in Germany

ISBN (Print): 978-3-451-03445-9
ISBN (EPUB): 978-3-451-83450-9

Inhalt

1. Vom Durst und der Quelle

1.1 Bin ich bekloppt?, oder: Fast ein Vorwort

Als Kabarettist, Karnevalist und Diakon werde ich oft als Redner angefragt – von Pfarrgemeinden, Kolpingsfamilien, Katholischen Frauengemeinschaften, Karnevalsvereinen und allen möglichen anderen Veranstaltern. An eine Anfrage erinnere ich mich trotzdem besonders deutlich, obgleich sie schon viele Jahre zurückliegt. Ein Herr Dr. Vohwinkel von der Giordano-Bruno-Stiftung rief mich an. Sehr freundlich fragte er, ob mir diese Stiftung bekannt sei. Giordano Bruno sei mir ein Begriff, sagte ich, von einer entsprechenden Stiftung hätte ich allerdings noch nichts gehört.

Wie sich herausstellte, handelt es sich dabei um eine der leidenschaftlichsten und kämpferischsten atheistischen Verbindungen, die wir in Deutschland haben. Auch Herr Dr. Vohwinkel war, wie er weiterhin in sehr sympathischem Tonfall erklärte, Atheist aus tiefster Überzeugung. Seine Lebensgefährtin allerdings sei treu katholisch, worauf mir prompt herausrutschte: »Wenigstens eine Vernünftige in der Familie!« Zum Glück hörte ich, dass der Mann am anderen Ende der Leitung ein kurzes Lachen nicht unterdrücken konnte. Ohne weiter auf meinen Einwurf einzugehen, erklärte er mir, dass die

Giordano-Bruno-Stiftung regelmäßig einen sogenannten atheistischen Stammtisch veranstalte und er mich zu einem solchen gern als Gast einladen würde. Damals habe ich – heute sage ich: leider – mit dem Argument abgelehnt: »Danke, aber man lädt ja auch keinen Vegetarier zum Grillen ein.« Stattdessen habe ich meinerseits Dr. Vohwinkel sehr herzlich eingeladen, zu einem meiner Kabarettabende ins Senftöpfchen-Theater nach Köln zu kommen. »Da«, so mein Vorschlag, »können wir uns dann nachher noch zusammensetzen und unterhalten.« Dr. Vohwinkel nahm – viel höflicher als ich – die Einladung an.

Vor Beginn des Programms hatte ich mich vergewissert, dass er die auf seinen Namen an der Kasse hinterlegte Eintrittskarte auch tatsächlich abgeholt hatte. So stand ich kurze Zeit später also auf der Bühne in dem Wissen, mindestens einen bekennenden Atheisten im Publikum zu haben. Der Abend begann prächtig: ausverkauftes Haus, tolle Atmosphäre, aufmerksames, gut gelauntes Publikum. Getragen davon konnte ich der Versuchung nicht widerstehen, meinen Ehrengast zum Running Gag des Abends zu machen. Schon in der Begrüßung wies ich darauf hin, dass auch Herr Dr. Vohwinkel von der atheistischen Giordano-Bruno-Stiftung im Saale sei. »Ich weiß jetzt nicht, wo er sitzt«, sagte ich, »aber Sie erkennen ihn an zwei kleinen Hörnern und leichtem Schwefelgeruch.« Immer wieder baute ich den armen Kerl in mein Programm ein – frei nach dem Motto: »Auch wenn Dr. Vohwinkel jetzt wahrscheinlich Schnappatmung kriegt, möchte ich Folgendes zu meinem Glauben sagen ...«

Nach der Vorstellung, die mit lang anhaltendem Applaus und Zugabe-Rufen geendet hatte, war ich deshalb sehr gespannt, ob mein Gast unsere Verabredung wahrnehmen würde oder ob er vielleicht beleidigt nach Hause gefahren sei, was ich ihm nicht einmal hätte verübeln können. War er aber nicht! Ich sah ihn im Foyer stehen – erkannte ihn gleich, obwohl ich ja noch kein Foto von ihm gesehen hatte –, und ich muss sagen: Auf den ersten Blick schon war mir dieser Mann zutiefst sympathisch, und ein wenig bereute ich es, ihn für meine Gags »benutzt« zu haben. Nachdem ich meine Pappnas weggebracht hatte, gingen wir zusammen ins Brauhaus und haben uns dort sehr lange, sehr gut und sehr angeregt unterhalten. Dass ich ihn beim Kabarett als Witzfigur missbraucht hatte, nahm Dr. Vohwinkel – von Beruf übrigens Astrophysiker, also nicht gerade einer der dümmsten Menschen auf diesem Planeten – mir kein bisschen übel.

»Ihr Programm ist sehr unterhaltsam, Herr Pauels«, lobte er. »Ich habe viel gelacht! Aber immer, wenn Sie auf den Glauben zu sprechen kamen, dachte ich: Wie kann ein aufgeklärter Mensch das nur ernsthaft meinen? Früher, das ist klar, da brauchten die Menschen die Religion, um sich die Welt zu erklären. Aber wer heute, wo uns die Wissenschaft doch diese Erklärungen liefert, immer noch daran festhält, der ist – entschuldigen Sie bitte die etwas drastische Ausdrucksweise – ein Stück weit geistesgestört.« In diesem Moment stellte ich mir (mal wieder) die Frage: Willibert, bist du eigentlich bekloppt? Warum kannst du einfach nicht aufhören, an Gott zu glauben?

Würden meine Verleger nicht gerade aus Süddeutschland kommen und eine gewisse Scheu vor rheinischer Direktheit mitbringen, hätte übrigens dieses Buch auch so heißen können: »Bin ich bekloppt?! Warum ich nicht aufhören kann, mehr und mehr an Gott zu glauben.« Denn um nicht mehr und nicht weniger als diese kleine, bescheidene Frage nach der Existenz Gottes geht es in diesem Buch. Auch die ebenso reizenden Geschwister dieser Frage tauchen auf: Wenn es Gott gibt, warum lässt er das Leid in der Welt zu? Und was ist mit dem Tod?

Wenn ich mich Antworten nähere – und mehr werde ich nicht tun: Ich mag bekloppt sein, aber so verrückt zu behaupten, ich hätte tatsächlich endgültige und unwiderlegbare Antworten auf diese Fragen gefunden, bin selbst ich nicht –, wenn ich mich also Antworten nähere, dann geht es mir weniger um Studien, Statistiken und stringente Argumentationen, sondern vielmehr um das, was mich schon bewegt, seit ich ein Kind war: die Erfahrung der Sehnsucht nach Gott, die Erfahrung der Nähe Gottes und die Erfahrung der Gottferne. Immer wieder werde ich dabei Zitate und Gedanken anderer aufgreifen – von Chesterton bis Drewermann, von Cusanus bis Böll. Ich tue das nicht aus Bequemlichkeit, weil es mir zu anstrengend wäre, eigene Gedanken zu formulieren, sondern weil ich mich so in eine Gemeinschaft derer eingebunden weiß, die wie ich und mit mir auf dem Weg der Sehnsucht sind. Und ich würde mich freuen, wenn Sie, liebe Leserin und lieber Leser, mich durch die folgenden Kapitel ein Stück auf diesem Weg begleiteten.

Seit Jahrtausenden stellen Menschen die Frage nach Gott – und immer wieder, durch alle Zeiten hindurch, kommen sie zu der Überzeugung: Ja, unsere Sehnsucht hat ein Ziel. Jenseits alles rational Erklärbaren ist der Mensch im Letzten geborgen bei Gott.

Deswegen hat dieses Buch den Untertitel »Von der befreienden Kraft des Glaubens«. Denn eine befreiendere Botschaft als die, dass der Tod nicht das letzte Wort hat, kann ich mir nicht vorstellen. »Leck mich am Arsch, Sisyphos, der Stein ist oben« hätte mir deshalb als Titel auch gut gefallen.

Auf Sisyphos werde ich noch einmal zurückkommen, auch auf Orpheus und Arion. Es wird um die heilige Agatha gehen und um Pater Brown, um Heiner Geißler und Thomas von Aquin, um Benedikt XVI. und einen ziemlich berühmten Rabbi aus Nazareth. Es wird nicht um Depressionen gehen – das war Thema meines Buches »Wenn dir das Lachen vergeht«, das ich mit dem wunderbaren Leo Linder zusammen geschrieben habe –, dafür aber zum Beispiel um Humor und um Nahtod-Erlebnisse, um Karneval und um Liturgie. Wer mein erstes Buch gelesen hat, dem mag das eine oder andere bekannt vorkommen, aber was ich dort nur andeuten konnte, will ich hier in den Mittelpunkt stellen.

Ich werde Geschichten erzählen und Witze. Ich werde Lieder zitieren und Gedichte. Ich werde vom Thema abkommen und wieder zurückfinden. Und bei all dem geht es mir letztlich zwischen Zweifel und Glauben um ein ehrliches »Und dennoch …«. In seiner »Einführung ins Christentum« schreibt Josef Ratzinger: »Der Gläubige und der Ungläubige treffen sich im Zweifel.« Es stimmt: Der Zweifel ist ein treuer Begleiter all derer, die ihren Verstand und ihr Herz nicht abgeschaltet haben und abgestumpft sind gegen das Leid und die entsetzlichen Ungerechtigkeiten dieser Welt.

Nicht mit einem Wort möchte ich die Grausamkeiten abmindern, mit denen wir Tag für Tag konfrontiert werden. Wenn ich lese, höre oder sehe, was Menschen Menschen antun, dann kommen auch mir immer wieder Zweifel, ob wirklich ein gütiger Gott über allem steht. Und es müssen gar nicht immer die großen Ereignisse sein, die den Glauben in Frage stellen. Oft genug ist es einfach nur ein immer wieder mal hochkommendes Gefühl der Angst, dass der Tod vielleicht doch ins Nichts führt – mich und alle, die ich liebe.

Umgekehrt sind es auch keine großen Crash-Boom-Bang-Erlebnisse, die die Angst vertreiben. Stattdessen ist es ein warmes Fühlen dieser einen österlichen Sonne, die alle Finsternis vertreibt. Es ist ein Gefühl der unbedingten Geborgenheit in Gottes Liebe – und es gibt Millionen Ausprägungen davon: im Betrachten der Schönheit der Natur, in der Begegnung mit Tieren, in der Liebe von Menschen, … »da berühren sich Himmel und Erde«, wie es in einem Neuen Geistlichen Lied heißt.

Dabei ist es die gleiche Natur, die zerstörerisch erschüttern kann. Es sind die gleichen Tiere, deren Grausamkeit einen zweifeln lässt, ob diese Schöpfung wirklich die beste aller möglichen ist. Und es sind die gleichen Menschen, die mit Herzlosigkeit und Hass die Angst in einem schüren, dass am Ende nichts bleibt als kalte Dunkelheit.

Im Letzten hängen beide Seiten auf für mich nicht erklärbare Weise zusammen. Denn könnte ich das Licht schätzen, ohne die Dunkelheit zu kennen? »Das Symbol der christlichen Hoffnung ist das Licht«, wird Goethe manchmal zitiert. »Licht bedeutet nicht, dass es keine Nacht mehr gibt, aber es bedeutet, dass die Nacht erhellt und überwunden werden kann. Ich glaube, dass wir einen Funken jenes ewigen Lichtes in uns tragen, das im Grunde des Seins leuchten muss und welches unsere schwachen Sinne nur von ferne erahnen können.« Diesem Glauben schließe ich mich an – und nicht dem von Stephen Hawking, der gegenüber der Zeitung »The Guardian« einmal gesagt hat: »Ich sehe das Gehirn als einen Computer, der die Arbeit einstellt, wenn seine Komponenten versagen. Es gibt keinen Himmel für kaputte Computer. Das ist ein Märchen für Menschen, die sich vor der Dunkelheit fürchten.«

Ich kenne die Furcht vor der Dunkelheit, aber ich halte den Himmel nicht für ein Märchen. Hans Küng – einer, der nun wirklich jeder kirchlichen Frömmelei und ultra-konservativen Verhaftetheit unverdächtig ist, – hat in der Einleitung des Buches »Ewiges Leben?« den sehr treffenden Begriff »vernünftiges Vertrauen« dafür gefunden. »Ich möchte nicht endlos leben«, schreibt er, »möchte nicht eine unbeschränkte Verlängerung des irdischen Lebens in Zeit und Raum. Ich hoffe auf ein unendliches Leben: in einer völlig anderen, unsichtbaren Dimension, in der Dimension Unendlich, ein vollkommen verwandeltes Leben in Gottes Ewigkeit. [...] Dass ich in ein ewiges Leben hineinsterbe, das mit der Wirklichkeit Gottes identisch ist, kann ich nicht beweisen. Dazu kann ich nur in einem vernünftigen Vertrauen Ja sagen. Vernünftig, weil ich es keineswegs als vernünftige Lösung ansehe zu behaupten, dass Welt und Mensch aus dem Nichts kommen und ins Nichts gehen. Sinnlos, vernunftlos, von Anfang bis Ende: Nein, das will mir nicht in meinen Kopf.«

Dem kann ich mich nur anschließen. Deshalb glaube ich, dass es Gott gibt und dass er es gut mit uns meint. Dass der Tod nicht das Ende ist, sondern das Tor, durch das wir gehen auf unserem Weg nach Hause. Diese befreiende Botschaft ist für mich Dreh- und Angelpunkt der Religion. Sie ist der archimedische Punkt, mit dem sich die Welt aus den Angeln heben lässt. Und sie ist das Fundament, auf dem man Lachen, Leiden und Lust am Leben problemlos nebeneinanderstellen kann.

1.2 Was Thomas Bernhard mit der Sachsenklinik verbindet, oder: Atheismus ist nicht schön

Wenn ich heutzutage mit der Position konfrontiert werde »Jaaaaa, früher brauchten die Menschen den Glauben, um sich die Welt zu erklären, heute aber liefert die Wissenschaft die Erklärungen, und wer trotzdem an Gott glaubt, ist geistesgestört«, dann bitte ich mein Gegenüber gerne: »Dann erkläre mir doch mal bitte wissenschaftlich, was Leben ist.« Die häufigste Antwort, die ich dann zu hören bekomme, ist eine reduktionistische, nämlich: Leben ist letztlich eine biochemische Reaktion in Zellen. Solange diese biochemische Reaktion erfolgt – sei es bei einem Farn, bei einem Rhesusäffchen oder dem sogenannten Homo Sapiens –, ist Leben da. Sobald sie endet, ist kein Leben mehr da. Und auch das, was wir im Bereich der geistigen Welt, der Gefühle, der nicht materiellen Lebensräume empfinden, ist diesem Denkansatz nach im Grunde nichts anderes als eine – mit meinen Worten – biochemische, elektromagnetische, neuronenbefeuerte Reaktion im Gehirn.

Wer mir so daherkommt, dem stelle ich dann folgende Frage – auch, wenn sie gemein ist, weil sie voll ins emotionale Zentrum meines Gegenübers zielt: Kannst du deinem Kind in die Augen schauen und dabei wirklich konsequent der Perspektive folgen, die du mir gerade gesagt hast? Wenn ja, musst du es ertragen können zu denken oder sogar zu sagen: Kind, letztendlich bist du nichts anderes als eine Zellformation, noch drastischer: ein Zellhaufen, der biochemisch reagiert. Und auch, wenn ich meine, dich lieb zu haben, ist das letztlich nichts anderes als ein biochemischer Prozess im limbischen System meines Gehirns. Und wenn du stirbst, Kind, weil aus welchen Gründen auch immer die biochemische Reaktion in dir aufgehört hat, gehst du in die Verrottung auf den kosmischen Abfallhaufen des Nichts. Es gibt kein Woher. Es gibt kein Wohin.

Wer davon überzeugt ist: bitteschön! Aber er soll mir nicht weismachen, dass diese Perspektive ihn heiter und gelassen leben lässt. Wer das behauptet, ist in meinen Augen nicht weniger zynisch als Albert Camus, wenn der sagt: »Wir müssen uns Sisyphos als glücklichen Menschen vorstellen.« Ich bitte Sie! Sisyphos! Jene Gestalt der griechischen Mythologie, die dazu verdonnert wurde, einen Stein auf einen Berg hinaufzurollen, obwohl der Stein kurz vor dem Gipfel immer wieder herabrollte. Homer berichtet in seiner Odyssee: »Und weiter sah ich den Sisyphos in gewaltigen Schmerzen: wie er mit beiden Armen einen Felsblock, einen ungeheuren, fortschaffen wollte. Ja, und mit Händen und Füßen stemmend, stieß er den Block hinauf auf einen Hügel. Doch wenn er ihn über die Kuppe werfen wollte, so drehte ihn das Übergewicht zurück: von Neuem rollte dann der Block, der schamlose, ins Feld hinunter. Er aber stieß ihn immer wieder zurück, sich anspannend, und es rann der Schweiß ihm von den Gliedern, und der Staub erhob sich über sein Haupt hinaus.«

Klingt das erstrebenswert? Toll? In irgendeiner Weise positiv? Also ich finde die implizierte Sinnlosigkeit dieses Tuns einfach entsetzlich! Sie ist grausam und unerträglich! Und genau das wäre es auch, wenn der Mensch nicht mehr wäre als ein biochemisch reagierender Zellhaufen. Das allein ist natürlich noch kein Argument gegen diese Auffassung, so nach dem Motto: »Es kann nicht sein, was nicht sein darf.« Aber dazu später mehr. Jedenfalls kann ich kaum glauben, dass es einen Menschen gibt, der eine solche Definition von Leben nicht als zutiefst trostlos empfindet! Damit will ich nicht sagen, ein Atheist könne nicht glücklich sein – »Gottlos glücklich« heißt ja zum Beispiel ein Buch des Pressereferenten der Giordano-Bruno-Stiftung. Das wäre wirklich anmaßend! Was ich mir aber beim besten Willen nicht vorstellen kann, ist, dass ihn die Frage nach dem Woher und Wohin nicht umtreibt. Es sei denn vielleicht, wir reden hier von einem Menschen, der sich diese Fragen gar nicht stellt, frei nach dem Motto »no brain, no pain«, also: Wer nicht nachdenkt, hat auch keine Probleme. Ansonsten gilt wohl eher der Spruch: »Ich komme und weiß nicht woher. Ich gehe und weiß nicht wohin. Mich wundert, dass ich so fröhlich bin.«

Wobei es ja tatsächlich keiner weiß! Der sogenannte Gläubige glaubt, dass es einen Ursprung und ein Ziel seines Lebens in einer anderen Dimension gibt, die wir Christen Gott nennen. Der Atheist, fälschlicherweise manchmal der »Ungläubige« genannt, glaubt, dass es diesen Ursprung, dieses Ziel, diesen Gott nicht gibt. Aber noch einmal: Dass diese Perspektive ihn heiter und gelassen leben und sterben lässt, will mir nicht in den Kopf.

Und viele Atheisten bestreiten ja auch gar nicht, dass das eine unschöne Perspektive ist. Wie der französische Existenzialist Jean-Paul Sartre schreibt: »Märtyrertum, Heil, Unsterblichkeit, alles fällt in sich zusammen, das Gebäude sinkt in Trümmer, ich habe den Heiligen Geist im Keller geschnappt und ausgetrieben; der Atheismus ist ein grausames und langwieriges Unterfangen.«

Was dieses Unterfangen Atheismus so grausam macht, will ich an einem vermeintlich banalen Beispiel zeigen. Stichwort: Getränkeautomat!

Zu den beliebtesten Sendungen im Fernsehen gehören Arztserien. Kein Wunder, denn perfekt bespielen sie die Klaviatur der Gefühle: Hoffnung, Angst, Liebe, Intrigen, Verzweiflung, Glück ... All das wird uns geboten, wenn etwa Dr. Stein und Dr. Heilmann in der Sachsenklinik am OP-Tisch stehen. Doch die großen und kleinen Dramen, die uns die Serie »In aller Freundschaft« in die Wohnzimmer bringt, spielen sich nicht nur im OP ab, sondern auch in den Krankenzimmern, auf den Fluren, in der Cafeteria, selbst an der Tür zur Toilette. Nur an einem Ort spielen sie nicht, weil es ihn offenbar nicht gibt in der Vorstellung der Drehbuchautoren – und das hat Konsequenzen. Welcher Raum das ist?

Betrachten wir Szenario eins: Ein Kind ist sterbenskrank, die Ärzte ringen um sein Leben, das Drama erreicht seinen Höhepunkt. Wie Rilkes Panther laufen die Eltern vor dem OP auf und ab und werden fast wahnsinnig vor Angst – »als ob es tausend Stäbe gäbe und hinter tausend Stäben keine Welt«. Der Getränkeautomat ist in ihrer Not die einzige Anlaufstelle. Es gibt nichts, was sie tun können! Wirklich nicht? In dem

Krankenhaus meines Drehbuchs hätte es zumindest einen Ort gegeben, wo sie hätten hingehen können: die Krankenhauskapelle! Die Eltern hätten dort vor Maria mit dem Kinde stehen und gegen das Gefühl der Ohnmacht eine Kerze anzünden können. Sie hätten dort beten können ... oder auch nicht, aber sie hätten zumindest die Möglichkeit dazu gehabt.

Szenario zwei: Das Kind wird gerettet. Überglücklich fallen die Eltern dem Arzt um den Hals. »Wir wissen gar nicht, wie wir Ihnen danken sollen, Herr Doktor!« In meinem Drehbuch hätten sie danach auch in die Kapelle gehen und dort eine Kerze aufstellen können als Ausdruck ihrer Dankbarkeit.

Und Szenario drei? Das Kind stirbt. Mit professionellem Ernst oder vielleicht auch selbst um Fassung ringend sagt der Arzt es den Eltern. Und dann? Was wollen die Macher der Serie dann zeigen, wenn auch der Arzt keine Antwort hat? Ein Gang zum Getränkeautomaten hilft dann auch nicht mehr!

Gäbe es in der Sachsenklinik eine Kapelle, könnten die Eltern dorthin gehen. Sicher nicht, um unmittelbar Trost zu empfangen, wohl aber, um dem Gekreuzigten alle Wut und alle Verzweiflung entgegenzuschreien, die ein Mensch nur empfinden kann. Und vielleicht, nach einiger Zeit, wenn die Wunde des Verlustes sie nicht mehr im brüllenden Schmerz wahnsinnig macht, sondern nur noch leise pocht unter einer heilenden Narbe, dann hätten sie noch einmal wiederkommen können in diesen Raum. Vielleicht hätten sie dann in einer Nische, die ihnen vorher gar nicht aufgefallen ist, eine Pietà entdeckt, eine Skulptur, die Maria zeigt mit dem toten Jesus in ihrem Schoß. Sie hätten sehen können, dass selbst die Gottesmutter die gleichen Qualen hat erleiden müssen wie sie. Aber vielleicht hätten sie in ihren Augen auch einen Funken Trost entdecken können und spüren, was meine Mutter mir immer sagte, wenn die Panik mich mal wieder zu erfassen drohte und ich nur noch stammeln konnte »Mama, wenn du stirbst …?« »Du brauchst keine Angst zu haben«, sagte sie dann. »Wir werden uns wiedersehen!«

Dieser kleine Ausflug in die Welt der Arztserien mag zeigen: Ohne Gott zu leben, ist das eine. Ohne ihn zu sterben, das andere. Und das zeigt sich nicht nur in der trivialen TV-Kultur. Als großer Opernfan hat etwa der Literaturkritiker Marcel Reich-Ranicki einmal geschildert, wie sehr ihn jedes Mal das Ende von Puccinis »La Bohème« zutiefst berührt und erschüttert: Sie lieben sich, sie bekommt die Schwindsucht, sie stirbt – und die Musik, die großartige Musik von Puccini, sie reißt in dem Schrei »Mimiiiii« abrupt ab. Nichts folgt. Stille. Und diese Stille ist grässlich, sie ist entsetzlich. Stärker als jede Musik es könnte, zeigt sie die hässliche Fratze des Nichts, die einen verstört aus dem Opernsaal entlässt. In Worte gefasst hat Reich-Ranicki diese hässliche Fratze, als er das Lebenswerk Thomas Bernhards mit den Worten zusammenfasste: »Das Leben ist letztlich nichts anderes als die Einleitung des Todes und angesichts des Todes hat alles keinen Sinn.«

Wie gesagt: Eingefleischte Atheisten mögen so denken. Aber ich behaupte: Trotzdem wird es kaum jemand von ihnen übers Herz bringen – es sei denn, er ist ein Psychopath –, einer Mutter, die ihr totes Kind im Arm hält, zu sagen: Letztlich war es ja nur ein Zellhaufen. Und warum nicht? Weil er spürt: Es wäre der Abgrund der Grausamkeit!

Nun lässt sich auch diese Tatsache aus atheistischer Perspektive erklären. Dass wir das als so grausam empfinden und dass sich etwas in uns sträubt, ein Kind als reinen Zellhaufen zu sehen, ist demnach evolutionär sinnvoll, damit wir alles dafür tun, dass Kinder am Leben bleiben und die Art erhalten wird. Aber: Ist das wirklich die plausibelste Erklärung dafür, dass wir eine Sehnsucht in uns tragen nach mehr als dem »Nichts«?

1.3 Hollywood zeigt, was ein Literatur-Nobelpreisträger denkt, oder: Von der Sehnsucht nach ewiger Heimat

Fest steht: Es gibt diese Sehnsucht! Selbst Agnostiker, die es beim besten Willen nicht fertigbringen, an Gott zu glauben, geben dieser Sehnsucht eine Sprache. Eines der ehrlichsten und berührendsten Beispiele liefert für mich Wolf Biermann, wenn er in einem seiner asphaltpoetischen Chansons 1999 davon singt, dass das »doch nicht alles gewesen sein« könne: Kinderschreien, Geldverdienen und Fernsehen. Da fehlt ihm der Sinn. Da müsse »doch noch irgendwas kommen«.

Ich bin überzeugt, dass darin eine Sehnsucht zum Ausdruck kommt, die weit hinausgeht über den etwa von Udo Jürgens besungenen Wunsch nach Ausbruch aus der kleinbürgerlichen Welt mit ihren Treppenhäusern »voll Bohnerwachs und Spießigkeit«. Aus Biermanns Zeilen spricht die Ahnung, dass in uns etwas ist, das die rein materielle Welt übersteigt.

Dieser Ahnung Ausdruck zu verleihen, gelingt Hollywood-Regisseuren oft besser als der Deutschen Bischofskonferenz. Etwa, wenn Steven Spielberg den jungen Elliot, ein Kind der amerikanischen Vorort-Welt mit ihrem materiellen Wohlstand und ihrer seelischen Leere, ein extra-terrestrisches Wesen finden lässt, einen »E.T.«. Eine Erlöserfigur, die den Jungen aus seiner Einsamkeit holt und ihm Freund wird. Ein Wesen aber auch, das mit zu Herzen gehender Intensität auf das nicht-irdische Zuhause verweist. Wer hat nicht sein sehnsuchtsvolles »home phone«, »nach Hause telefonieren« im Ohr? Und E.T. streckt seinen Finger aus wie einst Adam auf einem der berühmtesten Bilder der Welt aus dem Deckenfresko des Michelangelo in der Sixtinischen Kapelle in Rom. Der Mensch streckt seinen Finger aus nach jener anderen Seite, jenem Zuhause jenseits des Irdischen –, und dort ist Gott, der seinerseits dem Menschen den Finger entgegenstreckt. »Home phone!« – »Nach Hause telefonieren!«

Das ist ein Gedanke, den auch der deutsche Schriftsteller und Romancier Heinrich Böll zum Ausdruck gebracht hat in einem Interview mit dem Spiegel-Herausgeber Rudolf Augstein. Einem Mann, der selbst religiös sozialisiert war, sich dann aber spektakulär in vielen Statements vom vermeintlichen Irrsinn der Religion losgesagt hat. Und doch ist er nie ganz davon losgekommen, bis zuletzt wie ein Engel mit gebrochenem Flügel fortwährend um den Altar zu schwirren. Dieser Rudolf Augstein wollte nun von Heinrich Böll in dem Interview wissen, warum er, obwohl doch ein hochdekorierter und ausgezeichneter Schriftsteller und ein Mann von brillanter Intelligenz, immer noch mit kindlicher Sturheit an der Religion festhalte. Woraufhin Böll antwortete: »Weil wir in dieser Welt nie ganz zu Hause sind.« Wohlgemerkt: Das war die Antwort jenes Heinrich Böll, der in seinen Büchern so hinreißend die

Religiosität seiner Zeit kritisiert hat, die sich nährte aus einem politisch-verfestigten, vermieften 50er-Jahre-Katholizismus. Jener Heinrich Böll hat gesagt: »Ich meine die Tatsache, dass wir eigentlich wissen – auch wenn wir es nicht zugeben –, dass wir hier auf der Erde nicht zu Hause sind, nicht ganz zu Hause. Dass wir also noch woanders hingehören und woanders herkommen. Ich kann mir keinen Menschen vorstellen, der sich nicht – jedenfalls zeitweise, stundenweise, tageweise oder auch nur augenblicksweise – klar darüber wird, dass er nicht ganz auf diese Erde gehört.«

Diese Tatsache hat mich schon oft aus der nicht ganz leichten Situation befreit, wenn ich irgendwo eingeladen war, aufbrechen wollte und mit dem Satz aufgehalten wurde: »Erst schreiben Sie aber noch etwas in unser Gästebuch, oder?« Ohne zu zögern, ergreife ich dann nämlich den dargebotenen Stift und bediene mich eines Zitates von Romano Guardini, indem ich schreibe: »Das ist aller Gastfreundschaft tiefster Sinn, dass wir einander Rast geben auf dem Weg nach dem ewigen Zuhause.«

»Wir sind nur Gast auf Erden und wandern ohne Ruh mit mancherlei Beschwerden der ewigen Heimat zu.« Auf wie vielen christlichen Beerdigungen wurde dieses Lied schon gesungen? Aber nicht nur auf christlichen Beerdigungen, sondern auch da, wo Familie und Angehörige sich im Friedwald versammeln und die Asche des Verstorbenen an einer Eiche beisetzen. Auch dort wünschen sich viele Leute dieses Lied – weil es einfach und schlicht erzählt von der Reise unseres Lebens. Und zwar einer Reise, die nicht darin endet, dass wir in den Nährstoffen des Waldbodens aufgehen und über die Kapillaren der Wurzeln bis in die Baumspitzen transportiert werden, wo wir in der Fotosynthese zu Sauerstoff werden. Sondern von einer Reise, die in der ewigen Heimat endet: dem Ziel unserer Sehnsucht.

Damit sind wir bei der zweiten möglichen Antwort auf die Frage: Warum tragen alle Menschen, die nicht gerade Psychopathen sind, in sich die Sehnsucht, dass wir mehr sind als ein biochemischer Zellhaufen? Nämlich: Weil wir mehr sind! Nicht, weil das für die Arterhaltung sinnvoll ist, sondern weil es wahr ist. Wir haben diese Sehnsucht, weil es eine Quelle gibt, die diese Sehnsucht stillt. Wie der Theologe Eugen Drewermann es formuliert hat: »Der plausibelste Hinweis, dass es Wasser gibt, ist der Durst!«

Und dieser Durst ist uralt. Aurelius Augustinus formulierte vor mehr als 1.700 Jahren: »Unruhig ist unser Herz, bis es ruht in Dir.« Und der Psalmist schrieb schon vor 2.600 Jahren in einem der ältesten Texte der Weltliteratur: »Wie der Hirsch lechzt nach frischem Wasser, so lechzt meine Seele, Gott, nach dir.«

Apropos Hirsch: Ein kleiner Hirsch steht am Bergsee und trinkt von dem klaren Wasser. Als sich die Wasseroberfläche beruhigt, betrachtet er sein Spiegelbild und ruft, völlig begeistert von sich selbst: »Ich bin der König der Tiere!« Wieder nimmt er ein paar Schlucke, wartet, bis sich das Wasser beruhigt, ergötzt sich an seinem Spiegelbild und ruft: »Ich bin der König der Tiere!« So geht es noch zwei-, dreimal. Plötzlich donnert eine schwere Pranke auf seine Schulter nieder. Der kleine Hirsch dreht sich um und sieht einen riesigen Grizzlybär hinter sich stehen, der ihn wütend anbrüllt: »Waaaas bist du?« »Och«, sagt der Hirsch, »man sagt viel, wenn man was getrunken hat!«

Den Durst nach Gott sehr poetisch in Worte gefasst hat auch der Dichterpriester Ernesto Cardenal. Politisch hat der im Jahr 2020 Verstorbene meiner Meinung nach zwar nicht alle Latten am Zaun, weil er bis zuletzt noch für den Kommunismus plädierte, aber in seiner religiösen Sprache ist er für mich ein wahrer Goldmund. Er schrieb: »In den Augen aller Menschen wohnt eine unstillbare Sehnsucht. In den Pupillen der Menschen aller Rassen, in den Blicken der Kinder und Greise, der Mütter und liebenden Frauen, in den Augen des Polizisten und des Angestellten, des Abenteurers und des Mörders, des Revolutionärs und des Diktators und in denen des Heiligen: In allen wohnt der gleiche Funke unstillbaren Verlangens, das gleiche himmlische Feuer, der gleiche tiefe Abgrund, der gleiche unendliche Durst nach Glück und Freude und Besitz ohne Ende.« Für Ernesto Cardenal war diese Sehnsucht eine Sehnsucht nach Gott, das Verlangen ein Verlangen nach Gott, der Durst ein Durst nach Gott.

»Dieser Durst, den alle Wesen spüren«, schrieb er, »ist die Liebe zu Gott. Um dieser Liebe willen werden alle Verbrechen begangen und alle Kriege gekämpft, ihretwegen lieben und hassen sich die Menschen. Um dieser Liebe willen werden Berge bestiegen und die Tiefen der Meere erforscht, für sie wird geherrscht und intrigiert, gebaut und geschrieben, gesungen, geweint und geliebt. Alles menschliche Tun, sogar die Sünde, ist eine Suche nach Gott. [...] Der unstillbare Hunger der Diktatoren nach Macht und Geld und Besitz ist in Wirklichkeit Liebe zu Gott. Der Liebende, der Forscher, der

Geschäftsmann, der Agitator, der Künstler, der kontemplative Mönch, alle suchen sie dasselbe, nämlich Gott und nichts als Gott.«

Und in der ihm eigenen Poesie schloss er: »Die Gesichter der ganz jungen Mädchen tragen einen Abglanz Gottes, darum sind sie so faszinierend für uns, weil wir geschaffen wurden für das ewige Leben. Gott ist die Heimat aller Menschen. Er ist unsere einzige Sehnsucht. Gott ist im Innersten aller Kreatur verborgen und ruft uns. Das ist die geheimnisvolle Ausstrahlung, die von allen Wesen ausgeht. Wir hören seinen Ruf in der Tiefe unseres Wesens wie die Lerche, die in der Frühe von ihrer Gefährtin geweckt wird, oder wie Julia, die Romeo unter ihrem Balkon pfeifen hört.«

1.4 Da berühren sich Himmel und Erde, oder: In der Liebe und der Kunst können wir das Ewige ahnen

In diesem letzten Absatz bei Ernesto Cardenal klingt an, dass es Momente gibt, in denen das Ziel unserer Sehnsucht sozusagen in unsere Welt durchscheint. Momente, in denen wir nicht nur Durst haben, sondern in denen wir das Wasser förmlich schmecken, sehen, hören oder spüren können. Momente, in denen sich Himmel und Erde berühren. Und diese Momente sind ein weiterer Grund, weshalb ich es für alles andere als bekloppt halte, an Gott zu glauben.

Das kann zum Beispiel ein Moment der höchsten Lust sein – nicht umsonst nennen die Franzosen den Orgasmus »la petite mort«, den kleinen Tod. Denn wenn man im Tod nicht das Absterben der Zellreaktionen sieht, sondern das nach Hause kommen in Gottes unendliche Liebe, dann ahnen wir davon etwas im Moment, in dem sich zwei Seelen auf dem Gipfel der Lust vereinen. Dabei gilt, was schon die alten Römer erkannt und formuliert haben: »Omne animal post coitum triste est«, das heißt alle Lebewesen sind nach der Lust traurig. Das kann man rationalistisch erklären durch das Absinken des Dopaminspiegels nach dem Höhepunkt, oder aber poetisch. Dann ist es die Erkenntnis, die uns traurig macht, dass wir den Moment nicht festhalten können, in dem wir der Erfüllung unserer tiefsten Sehnsucht doch so nahe waren.

Auch der Moment, in dem uns die Liebe das erste Mal den Atem und die Sinne raubt, lässt uns Erfüllung ahnen. »An dem, was man Glück nennt, war'n wir nie näher dran!«, singt Reinhard Mey. »Es war nie mehr so ehrlich, nie mehr so total unschuldig und wehrlos, wie das erste Mal.« Es kann aber auch beim Betrachten eines Kunstwerks sein oder beim Hören eines Musikstücks, das die Welt jenseits unserer irdischen Existenz plötzlich sternschnuppengleich im Hier und Jetzt aufglühen lässt. Nicht zu fassen, nicht festzuhalten, aber unbestreitbar da.

»Peak-Experience«, Gipfelerlebnis, nennt die Wissenschaft solche Erfahrungen. Worum es dabei geht, das beschreibt der ehemalige Bundeswehroffizier Alois Serwaty in einem Vortrag zum Thema »Die Brüche des Lebens sind die Einfallstore des Unendlichen« so: »Wie nach einer anstrengenden Gipfelersteigung die Mühen und Schmerzen des Aufstiegs vergessen sind, so verflüchtigt sich der ›Staub und Moder‹ des Erdenlebens für einen kurzen Augenblick. Der Blick wird frei und öffnet sich für eine grandiose Rundumschau. [...] In diesen Augenblicken spüren wir, dass die Grenzen dieser Wirklichkeit weit über das hinausreichen, was Alltagsbewusstsein uns an Wahrnehmung erlaubt.«

Rationalisten würden vielleicht von einem »Kick« sprechen, ausgelöst durch eine messbare Endorphin-Ausschüttung im Gehirn. Dass es die gibt, will ich auch gar nicht bestreiten. Aber ich würde umgekehrt sagen: Es ist dieser »Kick«, zu erleben, wie Himmel und Erde sich berühren, der die Endorphin-Ausschüttung verursacht. Es ist diese Situation, in der wir spüren, dass es das Ziel unserer Sehnsucht wirklich gibt. Und das sind genau solche Situationen, über die Goethe seinen Heinrich Faust sagen lässt: »Werd ich zum Augenblicke sagen: Verweile doch! Du bist so schön!« Der Rationalist Faust hat nicht damit gerechnet, aber auch er kommt an diesen Punkt – und zwar genau in dem Moment, in dem er zutiefst erschüttert wird von der unschuldigen, wehrlosen Liebe dieses einfachen Gretchens.

Eine Ahnung dessen, was uns auf der »anderen Seite« erwartet, bekommen wir manchmal auch im Traum geschenkt. Frei nach dem Motto: Den Seinen schenkt's der Herr im Schlaf. Da gelten die Beschränkungen von Raum und Zeit nicht mehr. Da sind die Naturgesetze plötzlich aufgehoben und wir fliegen. Oder wir begegnen Menschen, die schon lange tot sind. Da gilt dann wirklich, wie es in einem Lied von Gregor Linßen heißt: »Du bist die Ewigkeit, die uns im Traum berührt.«

Und in solcher Berührung spüren wir auch, was Ewigkeit meint, nämlich die Aufhebung der Zeit. Kabarettist Jürgen Becker, der liebenswerte Drecksack, wie ich immer sage, hat mal zu mir über den christlichen Gedanken vom ewigen Leben gesagt: »Also die ersten 10.000 Jahre mögen ja noch ganz nett sein, aber danach geht dir die Ewigkeit dermaßen auf den Sack – man will doch auch mal ins Bett!« Recht hat er. Eine Zeitspanne ohne Ende wäre nicht der Himmel, sondern die Hölle. Im ewigen Leben aber ist die Zeit nicht endlos, sondern aufgehoben. Und im Traum bekommen wir eine Ahnung davon, was das heißt.

So gibt es also verschiedenste Hinweise, dass unsere Sehnsucht nach ewiger Heimat nicht ins Leere läuft, sondern dass es die Quelle gibt, die diese Sehnsucht stillt. Das sichtbar oder hörbar zu machen, haben im Laufe der Jahrhunderte viele Künstler versucht – mit mehr oder weniger Erfolg. So, wie Puccini im Abreißen der Musik bei »La Bohème« die entsetzliche Fratze des Nichts hörbar gemacht hat, so hat zum Beispiel Johann Sebastian Bach den Trost hörbar gemacht, den nur die Religion schenken kann. Auch in seinen Passionen reißt mit Jesu Tod die Musik ab – wenngleich das Entsetzen hier natürlich in den harmonischen Akkorden des Barock daherkommt. Aber immer kommt bei Bach ein Schlusssatz. Etwa: »Ruht wohl, ihr heiligen Gebeine, die ich nun weiter nicht beweine, ruht wohl und bringt auch mich zur Ruh. Das Grab, so euch bestimmet ist, und ferner keine Not umschließt, macht mir den Himmel auf und schließt die Hölle zu.« Das Grab macht mir den Himmel auf … was für eine Perspektive!

Nicht nur die Musik, auch die bildende Kunst kann sowohl unseren Durst darstellen als auch auf die Quelle der Sehnsucht verweisen. Die Szene, dass eine Mutter ihr totes Kind im Schoß liegen hat – jenes Kind, das sie unter Schmerzen und mit anschließend meist überbordendem Glücksgefühl aus eben diesem Schoß geboren hat –, ist die Horror-Ikone schlechthin. Diese Ikone hat einen Namen: Pietà. Eine der berühmtesten Pietàs überhaupt ist die von Michelangelo Buonarroti, zu sehen im Petersdom in Rom. Sie ist das einzige Werk dieses Ausnahmekünstlers, das er signiert hat. 24 Jahre war Michelangelo alt, als er sie geschaffen hat. Und schon mit 24 Jahren hatte dieses Genie die Fähigkeit, seinen Skulpturen Gesichtszüge zu verpassen, die zu beschreiben einem die Worte fehlen.

Diese Pietà des 24-jährigen Michelangelo trägt ein zweifaches Paradoxon. Erstens: Das tote Kind im Schoß der Mutter ist älter als die Mutter selbst. »Geht doch gar nicht«, möchte man sagen, »ist doch Quatsch.« Aber es geht doch: Weil auf einer Metaebene im Schoß der jungen Mutter Maria nicht nur ihr Kind liegt, sondern der Skandal des Todes an sich. Ich erinnere an Reich-Ranickis Zusammenfassung des Werks von Thomas Bernhard: »Das Leben ist nichts anderes als die Einleitung des Todes und angesichts des Todes hat alles keinen Sinn.« Stirbt ein Kind, läuft all meine Hoffnung, all meine Liebe, all mein Sehnen, ja die Evolution selbst, deren Ziel den Atheisten zufolge die Arterhaltung ist, ins Leere. Dieser Skandal ist die provozierende, grausame, zynische, bittere, terroristische, entsetzliche Fratze des Todes eines Kindes. Und dieser Skandal ist uralt. Es gibt ihn, seit es Säugetiere gibt – wenn ein Elefantenbaby stirbt, trompetet die ganze Herde –, und er ist umso tiefer empfunden, seit die Menschen Bewusstsein entwickelt und den Tod damit umfangen haben. So uralt ist dieser Skandal – und deshalb ist bei Michelangelos Pietà das Kind im Schoß der Mutter älter als sie selbst.

Das zweite Paradoxon: Das Gesicht von Maria ist zutiefst traurig und getröstet zugleich. Wie Michelangelo das geschafft hat, ist nicht zu erklären. Wahrscheinlich hätte nicht einmal er selbst das in Worte fassen können. Dazu eine kleine Episode am Rande: Michelangelo sollte einmal aus kostbarstem Carrara-Marmor für einen reichen Römer das Wappentier der Familie schlagen, einen springenden Löwen. Der Auftraggeber war bei der Anlieferung des Marmorblocks dabei und ist, als er beim nächsten Besuch das fertige Werk sieht, völlig hin und weg. »Meister«, fragt er voller Staunen und Bewunderung. »Wie schafft Ihr es nur, aus einem unförmigen Steinblock dieses Kunstwerk eines springenden Löwen zu machen?« Darauf antwortet Michelangelo: »Ist doch ganz einfach. Man muss nur das wegschlagen, was nicht nach einem springenden Löwen aussieht.«

Doch zurück zum zweiten Paradoxon der Pietà. Auch wenn wir nicht wissen, *wie* Michelangelo es geschafft hat, dass sich in Marias Gesicht Trauer und Trost gleichermaßen spiegeln, so können wir doch sagen, *warum* er Maria so geschaffen hat. Weil nämlich dieser junge, begnadete Künstler angesichts des Skandals des Todes und angesichts der Sehnsucht des Menschen nach einer Antwort darauf für sich folgende Antwort gefunden hat: Wenn wir sterben, gehen wir nicht ins Nichts, sondern wir wechseln nur die Räume. »Nè son già morto: e ben c'albergo cangi«, heißt es in einem seiner Gedichte: »Ich bin nicht tot, ich tauschte nur die Räume.«

Diese Überzeugung ist es, die Trauer und Trost vereint und die einen bei der Betrachtung von Michelangelos Pietà dasselbe erahnen lässt, was ich als kleiner Junge erfahren habe, wenn meine Eltern mich liebevoll ansahen. Wenn sie mir in die Augen schauten, dann sagte mir ihr Blick: Willibert, du hast eine Seele – unsterblich und kostbarer als das ganze Universum!

Diese Seele, davon bin ich heute überzeugt, ist nicht materiell. Sie ist nicht biochemisch oder elektromagnetisch messbar. Sie wiegt keine 21 Gramm, die man im Moment des Sterbens angeblich verliert. Aber sie ist da. Sie ist einzigartig. Und sie ist durch nichts in der Welt zu zerstören.

1.5 Von wegen Hokuspokus, oder: Es lohnt sich, Nahtod-Erlebnisse ernst zu nehmen

Neben den kostbaren Momenten der Liebe und der Lust, die uns so etwas wie Unsterblichkeit spüren lassen, neben den Träumen, in denen uns die Ewigkeit berührt, und den Kunstwerken, die selbiges schaffen, sind es auch die sogenannten Nahtod-Erfahrungen, die meinen Glauben an ein Weiterleben nach dem Tod bestärken.

Ein Mann wird nach einem Herzstillstand im Krankenhaus wiederbelebt und spricht anschließend – wie so viele – davon, in einem Zustand gewesen zu sein »so schön, dass ich gar nicht zurück wollte«. Er spricht von Licht und Wärme und von Liebe in unbeschreiblicher Intensität. »Und da war ein Mann, der mich empfangen hat und der mich geliebt hat, wie ich es noch nie erlebt habe, geliebt worden zu sein.« Wer dieser Mann war, konnte der Patient allerdings nicht sagen. Jahre später steht er am Sterbebett seiner Mutter. »Ich muss dir etwas gestehen«, offenbart sie ihm. »Du bist ein uneheliches Kind.

Dein Vater ist nicht dein Vater.« Der Mann fällt aus allen Wolken. »Ich wollte es dir immer sagen, aber ich konnte nicht, ich wusste nicht wie. Dein wirklicher Vater war Jude und im Dritten Reich ... ich konnte es dir nicht sagen! Aber wenn du zu Hause in meinem Schlafzimmer an die Kommode gehst und die unterste Schublade aufziehst, unter den Nachthemden, da findest du eine Mappe und in der Mappe ein Foto von ihm.« Und der Mann fährt in die Wohnung seiner Mutter, geht ins Schlafzimmer, geht an die Kommode und öffnet die unterste Schublade. Er findet unter den Nachthemden die Mappe und in der Mappe das Foto – und der Mann, der ihm aus dieser Schwarz-Weiß-Aufnahme entgegenblickt, ist exakt der Mann, den er im Nahtod-Erlebnis gesehen hat.

Ich weiß, dass viele das als esoterischen Hokuspokus abtun, aber wenn man unvoreingenommen die Fakten betrachtet, dann muss man solche Berichte unbedingt ernst nehmen, denn es gibt Hunderttausende davon und sie ähneln sich alle. Immer wieder ist von einem nie gesehenen Licht die Rede, von einer nie gefühlten Liebe, von Geborgenheit und Glück in nie gekannter Intensität ... Und es sind keineswegs nur religiöse Menschen, die von so etwas berichten. Im Gegenteil: Es gibt massenweise Zeugnisse über solche Nahtod-Erfahrungen von Menschen, die sich ausdrücklich als nicht-religiös oder ungläubig bezeichnen. Das entkräftet für mich das Argument der Skeptiker, die sagen: »Jaaaaa, das ist ja nur dein religiös verbrämtes Gehirn, das dir im Beinahe-Sterben genau das vorgaukelt, was du zu sehen und zu erleben erhoffst.«

Immer wieder wird auch gesagt, bei den angeblichen Erfahrungen handle es sich um nichts anderes als vom Gehirn erzeugte Fantastereien, Halluzinationen oder Träume. Nun konnte aber bei Menschen, die Nahtod-Erlebnisse hatten, während sie zum Beispiel bei einer Operation an ein Elektroenzephalogramm (EEG) angeschlossen waren, die Gehirntätigkeit gemessen werden. Und was stellte man fest? Keinerlei Aktivität in den Gehirnregionen, die sonst bei Träumen oder Halluzinationen aktiv sind! Für mich ein klarer Hinweis, dass es eben keine Träume sind, von denen die Menschen so übereinstimmend berichten, sondern dass sie diese Szenarien von Licht, Wärme, Liebe, Geborgenheit und Glück tatsächlich erfahren haben. Es gibt – davon bin ich überzeugt – Dimensionen der geistigen Realität, die sich mit unserer Schulweisheit nicht erreichen lassen.

Nahtod-Erfahrungen sind übrigens kein Phänomen der Neuzeit. Natürlich hat die Zahl der Berichte extrem zugenommen, seit die moderne Medizin in der Lage ist, immer häufiger Menschen wiederzubeleben, die klinisch tot waren. Aber es gibt auch historische Berichte, bis ins Altertum hinein, die von Nahtod- beziehungsweise Jenseits-Erfahrungen zeugen. Das habe ich vergangenen Herbst noch einmal bestätigt bekommen.

Im November 2017 hatte ich die Freude und die Ehre, bei einem Symposium in Aachen zu sprechen, wo es unter der Überschrift »Schnittstelle Tod. Sind Religionen religiös und Wissenschaften wissend?« um das Thema Nahtod-Erfahrungen ging. Eine Ehre war mir das insofern, als es sich bei der Veranstaltung nicht um ein Esoterik-Seminar handelte – davon gibt es ja unbestritten viele, wenn es um dieses Thema geht –, sondern um eine knallhart wissenschaftliche Veranstaltung. Wäre das ein Esoterik-Seminar gewesen, hätten mich da keine zehn Pferde hingekriegt, denn, wie ich gerne sage: Esoterik ist, wenn die Cellulite vom Hintern ins Gehirn gewandert ist! Tatsächlich reihte sich in Aachen aber – von meiner bescheidenen humoristisch-theologischen Einlage und zwei Berichten von Betroffenen abgesehen – Fachreferat an Fachreferat, nur ab und zu gnädig unterbrochen von einer Kaffeepause beziehungsweise der Mittagspause, in der man sich mal kurz die Beine vertreten konnte.

Sehr beeindruckt hat mich an diesem Tag ein Vortrag des Theologen Professor Dr. Enno Edzard Popkes. Dieser Mann hat an der Universität in Kiel eine Professur inne für Geschichte und Archäologie des frühen Christentums und seiner Umwelt und arbeitet am Aufbau einer interdisziplinären und transdisziplinären Akademie für Thanatologie, also der Wissenschaft von Tod und Sterben. Fachübergreifend sollen sich dort Biologen, Mediziner, Theologen, Psychologen, Philosophen, Ethnologen, Physiker ... des Themas Tod annehmen können.

In seinem Vortrag hat der Professor unter anderem über die Jenseits-Erfahrung des Paulus gesprochen. Viele kennen sicher die Erzählung von der Bekehrung des Saulus zum Paulus, wie sie in der Apostelgeschichte beschrieben wird: »Saulus, der noch immer mit Drohung und Mord gegen die Jünger des Herrn wütete, ging zum Hohenpriester und erbat sich von ihm Briefe an die Synagogen in Damaskus, um die Anhänger der (neuen) Glaubensrichtung, die er dort fände, Männer wie Frauen, in Ketten nach Jerusalem zu bringen. Schon war er auf seiner Reise bis in die Nähe von Damaskus gelangt, da umstrahlte ihn plötzlich ein Licht vom Himmel.

Er fiel zu Boden und hörte eine Stimme, die ihm zurief: Saul, Saul, warum verfolgst du mich? Er fragte: Wer bist du, Herr? Dieser antwortete: Ich bin Jesus, den du verfolgst.« (Apostelgeschichte 9,1–5)

Über dieses Erlebnis spricht Paulus im zweiten Korintherbrief, und zwar in einer Art und Weise, die nahelegt, dass er damals auf dem Weg nach Damaskus etwas Vergleichbares erlebt hat wie die Menschen, die in heutiger Zeit von Nahtod-Erfahrungen berichten. »Ich kann das gar nicht beschreiben«, heißt es ja oft, oder: »Mir fehlen dafür die Worte.« Auch Paulus schreibt von unsagbaren Worten, »die ein Mensch nicht auszusprechen vermag«. (2 Korinther 12,4b) Was er erlebt hat, ist ihm offenbar immer noch so unheimlich, dass er von sich selbst in der dritten Person redet: »Ich kenne einen Menschen in Christus, der vor vierzehn Jahren – ob im Leib, das weiß ich nicht, oder außer dem Leib, das weiß ich nicht, Gott weiß es – bis zum dritten Himmel entrückt wurde. Und ich weiß, dass der betreffende Mensch – ob im Leib, das weiß ich nicht, oder außer dem Leib, das weiß ich nicht, Gott weiß es – ins Paradies entrückt wurde.« (2 Korinther 12,2–4a)

Die Interpretation dieses Erlebnisses als Nahtod- oder Jenseits-Erfahrung ist umso spannender und faszinierender vor dem theologischen Hintergrund, dass nach diesem Damaskus-Erlebnis eine innere Umkehr erfolgte, die einen Quantensprung in der Religionsgeschichte darstellt. Der tiefüberzeugte Christenverfolger Saulus, der nicht anders als IS-Kämpfer heute meinte, im Namen seines Gottes Ungläubige töten zu müssen, erlebt eine innere Umkehr und erkennt: Selbst wenn ich meinen Leib opferte – ich möchte sagen: Selbst wenn ich mir einen Sprengstoffgürtel umlegen und mich selbst in die Luft jagen würde, um möglichst viele Ungläubige zu töten –, hätte aber die Liebe nicht, es würde nichts bringen. So poetisch hat er seine Einsicht formuliert, dass sie schon allein deshalb Gegenstand der Weltliteratur geworden ist: »Wenn ich mit Menschen-, ja mit Engelszungen redete, hätte aber die Liebe nicht, so wäre ich tönendes Erz oder eine gellende Schelle. Und wenn ich die Prophetengabe hätte und alle Geheimnisse wüsste und alle Erkenntnis und wenn ich allen Glauben hätte, sodass ich Berge versetzen könnte, hätte aber die Liebe nicht, so wäre ich nichts. Und wenn ich alle meine Habe verschenkte und wenn ich meinen Leib zum Verbrennen hingäbe, hätte aber die Liebe nicht, so nützte es mir nichts.« (1 Korinther 13,1–3)

Hier bringt er seine Erkenntnis auf den Punkt, dass es nur einen Weg gibt, Gott nahezukommen: das unbedingte Proprium der Liebe! Für uns ist das heutzutage beinahe schwer zu ertragen, weil es eine Kalenderweisheit ist, die man nicht mehr hören kann. Aber sie ist ja dennoch wahr! Und zur Zeit von Paulus war es einfach un-er-hört, ein stammes-, und regel- und gesetzesübergreifendes Proprium zu verkünden, nachdem selbst der stärkste Glaube nichts wert ist, wenn er nicht der Liebe dient. Was für ein Quantensprung das tatsächlich war, werden wir später noch sehen. Ich sag' nur: Bärengruppe.

Zunächst führt der »Quantensprung« aber erst einmal zurück zu dem Symposium über Nahtod-Erlebnisse. Ein zweiter Vortrag, der mich dort mächtig beeindruckt hat, war nämlich der eines Professors Dr.-Ing. Ralf Otte, der sich an der Hochschule Ulm mit Regelungstechnik und künstlicher Intelligenz befasst. Sein Vortrag über »Physikalische Grundlagen des Geistes« war zwar hoch theoretisch, aber insofern sehr interessant, als viele Atheisten sich ja gerade auf die Naturwissenschaft berufen und darauf, dass die immer weiter fortschreitenden Erkenntnisse in diesem Bereich eine Erklärung der Welt und des Lebens aus gläubiger Perspektive überflüssig machen. Nicht umsonst werden gläubige Menschen in den Chats der Atheisten spöttisch als »Religioten« bezeichnet.

Professor Otte nun aber empfahl (in meinen Worten): Wenn dir jemand mit dem Argument kommt: »Halte dich lieber mal an wissenschaftlich gesicherte Erkenntnisse, als an den lieben Gott zu glauben wie an den Mann im Mond oder die Zahnfee«, dann bitte im Gegenzug einfach: »Dann sei doch so gut und erkläre mir mal bitte die neuesten wissenschaftlichen Erkenntnisse der Physik.« Sei die Person ehrlich, werde sie gewaltig ins Schwimmen kommen. Denn gerade in dieser fundamentalen Disziplin sei mit der modernen Quantenphysik ganz vieles von dem, was bis dato für gesichert wahr gehalten wurde, wieder ins Wanken geraten. Als ich das so hörte, musste ich gleich an den Satz denken, der Werner Heisenberg zugeschrieben wird: »Der erste Trunk aus dem Becher der Naturwissenschaft macht atheistisch, aber auf dem Grunde des Bechers wartet Gott.«

Als bergischer Pappnasen-Diakon bin ich leider nicht in der Lage, Ottes Ausführungen korrekt wiederzugeben – von der Heisenberg'schen Unschärferelation über Einsteins ERP-Paradoxon und die Erkenntnis der nicht-lokalen Realität bis hin zu Schrödingers Katze, dem berühmten Gedankenexperiment, demzufolge eine Katze mit den Regeln der Quantenmechanik in einen Zustand gebracht werden kann, in dem sie gleichzeitig

»lebendig« und »tot« ist. In diesem Zustand verbleibt sie, bis die Experimentanordnung untersucht wird. Wer sich da reinarbeiten möchte, dem sei der Tagungsband zum Symposium »Schnittstelle Tod« empfohlen, der im van-Laack-Buchverlag erschienen ist und in dem man alle Vorträge des Tages nachlesen kann. Da stehen dann in Ottes Vortrag so schlaue Sachen wie: »Das EPR-Paradoxon von Einstein ist bis dato nicht geklärt. Misst man den Spin eines mit einem anderen Teilchen verschränkten Teilchens an einem Ort A, so entsteht zeitgleich der (›komplementäre‹) Spin des verschränkten Teilchens an einem Ort B. Es ist eine ›spukhafte Fernwirkung‹, die die Quantenphysik hier stillschweigend akzeptiert. Auch sogenannte ›Quantenradierer‹ oder selbst das einfache Doppelspaltexperiment (mit Einzelquanten) können bis heute nicht befriedigend erklärt werden.«

War Ihnen klar, oder? Ich muss gestehen: Bei Teilchen muss ich immer an Rosinenschnecken denken. Was ich aber mitgenommen habe: Die Wissenschaft kann längst nicht alles erklären! In der Physik schlägt man sich mit »spukhaften Fernwirkungen« herum und mit dem Problem, dass erst der Messvorgang die Realität erzeugt. In der Medizin fehlen Variablen, um die Entstehung und Heilung von Krankheiten wie Krebs zu erklären, und die Neurobiologen wissen nicht, wie das Hirngewebe Geist erzeugen könnte. O-Ton Otte: »Es ist am Horizont nicht mal der Ansatz einer Theorie erkennbar.« Am spannendsten fand ich aber seine Feststellung, dass Geist und Gehirn – in meiner banalen Sprache gesagt – zwei ganz unterschiedliche Paar Schuhe sind, die völlig verschiedene physikalische Eigenschaften besitzen. »Aus Sicht des Autors muss der völlig verschiedenen ontologischen Realität von Körper und Geist mathematisch und physikalisch Rechnung getragen werden«, sagt Otte.

Ich möchte sagen: Wenn eine geistige Realität unabhängig von Materie existiert, dann ist damit eines der Hauptargumente der Vertreter einer angeblich wissenschaftlich fundierten, atheistischen Weltsicht widerlegt, nach der gilt: Nicht Gott hat deinen Geist erschaffen, sondern dein Geist hat Gott erschaffen, denn alles Geistige, alle Gefühle sind Ergebnis der Materie Gehirn. Dass allein die Verschiedenheit beziehungsweise Unabhängigkeit dieser beiden Dimensionen nicht beweist, dass es tatsächlich der göttliche Geist ist, den ich in mir spüre und der das Universum durchweht, ist mir klar. Aber die Möglichkeit besteht – und so darf ich es hoffen und glauben.

Dass es eine immaterielle Realität gibt, hat bei dem Symposium in Aachen auch eine Frau bezeugt, die mit Wissenschaft erst einmal gar nichts am Hut hat, nämlich die Schauspielerin Christina Hecke, die nach einem schweren Autounfall selbst eine Nahtod-Erfahrung hatte: eine selbstbewusste, toughe junge Frau, sehr kirchenkritisch eingestellt und über jeden Verdacht erhaben, einen frömmelnden Bericht abzuliefern. Sie sprach auch nicht davon, im Paradies gewesen oder Gott begegnet zu sein, als sie zwischen Leben und Tod schwankte, aber sie sprach davon, vom Erleben her eindeutig in einer Region außerhalb ihres Körpers gewesen zu sein. »Ich hatte das Gefühl, als hätte mich der Trainer vom Spielfeld geholt und mir die Gelegenheit gegeben, mal zu schauen, wie ich denn bis hierhin so gelebt habe«, berichtete sie. Sie könne nicht sagen, ob sie im Himmel war. Sie wisse nur, dass es neben der Materie, dem Körper, eine »Formlosigkeit« gebe, egal ob man sie Seele nenne, Geist oder Bewusstsein.

»Und allein diese Gewissheit, in der ich mich da bewegt habe, erinnert mich an etwas, das ich als Kind schon wusste«, sagte die Schauspielerin. »Da gibt es mehr als nur das, was ich sehen, hören oder schmecken oder tasten kann. Da fühle ich etwas. Da weiß ich in mir drin etwas. Das, was ich da weiß, ist, dass wir alle aus derselben ›Quelle‹ kommen. Also der Qualität, die mich begleitet hat. Die mich hierhergeholt hat – dem ›Trainer‹. Nicht der Ort, an dem ich war. Aber das warme Gefühl des Eins-Seins.«

Christina Hecke berichtete in ihrem Redebeitrag bei dem Symposium auch noch von einer anderen Begebenheit, die nicht ihr widerfahren ist, sondern einer Freundin, die sich ihr im Nachhinein anvertraut hat. Ich fand das so bewegend, dass ich es gerne weitergeben möchte: Diese Freundin war vor Jahren schwanger gewesen, hatte aber niemandem davon erzählt, sondern eine Abtreibung vornehmen lassen. Jahre später war sie in einer neuen Beziehung wieder schwanger geworden und hatte ein gesundes kleines Mädchen bekommen. Als dieses Kind etwas über drei Jahre alt war, kam es zu seiner Mutter gelaufen und sagte: »Mama, ich hab' dich so lieb. Es ist so schön, dass wir uns haben.« »Ich hab' dich auch lieb, mein Schatz«, antwortete die Mutter. Soweit nichts Ungewöhnliches. Doch dann sagt das Mädchen plötzlich: »Beim ersten Mal wolltest du mich ja nicht, aber jetzt haben wir uns ja.«

Deutlich zeigt sich hier mal wieder die Schwierigkeit, mit menschlichen Worten und irdischen Begriffen glaubhaft von einer übermenschlichen und überirdischen Wirklichkeit zu sprechen. Da bleibt einem nichts, als auf Chiffren, Metaphern, Symbole und Bilder zurückzugreifen wie das des Trainers, der einen vom Spielfeld holt. Aber macht das das Erlebte unglaubwürdiger? Für mich nicht! Für mich sind Berichte wie der von Christina Hecke ein weiterer Hinweis, ein weiteres Mosaiksteinchen im Bild meines Glaubens, dass es eine Quelle gibt, von der wir kommen und zu der wir im Tod wieder gehen. Hundertprozentige Gewissheit wird es in dieser Frage nicht geben, deshalb halte ich es mit mit dem Lied »Du hast mir schon Fragen gestellt« von Reinhard Mey (Die Zwölfte / Live '84), in dem er das Sterben als »großes, helles Tor« beschreibt, durch das wir an einen besseren Ort gehen, an dem es sich zu bleiben lohnt.

1.6 Ein schweigender Ochse und ein Freund des Judas, oder: Was Thomas von Aquin und Blaise Pascal gesehen haben

In dieser Annahme bestätigen mich auch Zeugnisse derer, die vor mir gelebt und gedacht, geglaubt und gezweifelt haben. Zwei der ganz Großen seien hier angeführt. Der eine wurde zu seiner Kölner Zeit als Assistent von Albertus Magnus ob seiner wortkargen Eigenwilligkeit als »stummer Ochse« betitelt. »Wartet nur ab«, soll Albertus Magnus gesagt haben. »Wenn dieser stumme Ochse sein Maul auftut, wird ganz Europa noch staunen.« Recht sollte er behalten, denn die Lehren des Thomas von Aquin, der es wagte, das heidnische Denken der Antike mit der christlichen Überlieferung schöpferisch zu verbinden, waren revolutionär. Doch nicht (nur) das, was er geschrieben hat, bestärkt mich in meinem Glauben, sondern vor allem das, was er nicht geschrieben hat.

Aber der Reihe nach! Tommaso d'Aquino wächst im 13. Jahrhundert in einer reichen, adligen Familie auf Schloss Roccasecca bei Aquino im Königreich Neapel auf. Plötzlich fängt dieser hochintelligente Junge an zu spinnen: Er schwärmt nämlich auf einmal für diese merkwürdigen Armutsbewegungen, die unter Berufung auf jenen Jesus von Nazareth und seine Botschaft in jugendlichem Protest die Wohlstandsideale der Mittelschicht angreifen mit einer Leidenschaft wie erst viel, viel später wieder in den 1960er-Jahren die Hippie-Bewegungen in den USA. Aus Südfrankreich, dem San Francisco des Mittelalters, schwappt der Widerstand gegen eine dekadente Kirche voller Reichtum anbetender Machtmänner nach Italien. Viele allerdings rutschen im Kampf gegen die römische Kirche in einen rigorosen Fanatismus ab. Erst ein junger Mann aus Umbrien kommt zu dem Schluss: »Idee gut, Umsetzung falsch. Nicht gegen Rom, sondern mit Rom. Wollen wir Erfolg haben, brauchen wir den päpstlichen Segen.« Dieser Spirituelle – bekannt geworden auch dadurch, dass er seinem reichen Vater die Klamotten vor die Füße geschmissen hat und nackt durch die Stadt gelaufen ist – war niemand anderes als Franziskus, und was seine Fürsprache beim Papst und dessen OK zur Ordensregel dieses Mannes aus Assisi für die Geschicke der Kirche bedeuten sollte, brauche ich hier nicht auszuführen.

Auch, dass sich im Verlauf der Geschichte Teile des Franziskanerordens kräftig in der Wolle hatten über den richtigen Umgang mit dem Armutsideal ihres Gründers, tut weiter nichts zur Sache. Erwähnen will ich es zu Unterhaltungszwecken trotzdem, denn das ging so weit, dass eine Gruppe ihre Kapuzen immer kleiner und die Kutten immer kürzer machte, weil sie meinte, stoffsparend dem Ideal ihres Ordensgründers näher zu kommen. Muss man sich mal vorstellen: Mönche im Minirock!

Kurze Zeit nach Franziskus jedenfalls kommt, diesmal aus Südfrankreich, schon wieder so ein junger Bursche nach Rom: ein Spanier namens Dominikus. Seine Bitte, einen neuen (Armuts-)Orden gründen zu dürfen, lehnt der Papst rigoros ab. »Nicht schon wieder«, wird er sich gedacht haben. »Reicht schon, dass mich dieser abgeflogene Spirituelle aus Umbrien kleingekriegt hat.« Dominikus geht zurück nach Frankreich und verkündet seinen Leuten das niederschmetternde Urteil. »Der Papst hat uns aufs Strengste verboten, einen neuen Orden zu gründen,« sagt er, »also gründen wir einen alten!« Gesagt, getan: Eine alte Ordensregel wurde ausgegraben von Augustinermönchen, deren Zweig es nicht mehr gab, ein bisschen umgeschrieben, und schon gab es die Dominikaner.

In dieser spannenden Zeit der Aufbrüche nun kommt der junge, hochbegabte und wissensdurstige Tommaso zu seinen Eltern und sagt: »Mama, Papa ... ich will Dominikaner werden!« Spricht's, packt seine sieben Sachen und macht sich auf den Weg nach Paris als der intellektuellen Hauptstadt des Abendlandes. Sein Ziel: das beste aller akademischen Kollegien, das Kloster Saint-Jacques der Dominikaner. Seine Familie, not amused, greift zu drastischen Mitteln, lässt den eigenen Spross auf seinem Weg gen Frankreich gefangen nehmen und sperrt ihn in die heimische Burg ein. Das merkwürdige Verhalten des Juniors erklären die Brüder kurzerhand mit akutem Sexmangel und schicken ihm eine Prostituierte aufs Zimmer.

Da diese seinen intellektuellen Hunger aber leider nicht zu stillen vermag, büxt Tommaso nach einem Jahr »Stubenarrest« mithilfe seiner jüngeren Schwester aus und macht sich wiederum auf nach Paris.

Am Kollegium der Dominikaner trifft er endlich Gleichgesinnte: Nirgendwo wurde auf höherem Niveau gelehrt, geforscht und diskutiert, und nirgendwo wurden so wissbegierig die Schriften der griechischen Philosophen studiert. Dass eine päpstliche Bulle nach der anderen in Saint-Jacques eintraf, in der die Lektüre dieser »heidnischen Schriften« von Aristoteles und Co. untersagt wurde, interessierte dort niemanden. Tommaso ging seinen Weg: Er folgte Albertus Magnus nach Köln, hielt dann – zurück in Paris – selbst erste Lehrveranstaltungen, lehrte in Neapel und Orvieto, wurde Magister in Rom und kehrte schließlich nach Paris zurück, wo der größte Teil seiner »Summa Theologica« entstand: ein gigantisches Werk von über 4.000 Seiten.

Bis zu vier Sekretäre hat Thomas von Aquin gleichzeitig beschäftigt und ihnen – wie ein Schachspieler, der vier Partien parallel spielt – seine Texte diktiert. Man muss sich das vorstellen! Tisch eins, Thema: Ewigkeit als vollkommener Besitz des endlosen Lebens. »Diese Begriffsbestimmung des Boëtius scheint nicht zukömmlich zu sein«, diktiert Thomas. »Denn: I. ›Endlos‹ ist etwas Negatives. Das Negative aber gehört nur zum Wesen dessen, was unvollkommen ist. Also darf dieser Ausdruck nicht in die Begriffsbestimmung der Ewigkeit gesetzt werden, welche etwas durchaus Vollkommenes vorstellt.«

Nächster Tisch, nächstes Thema: Der Wille wird von der Vernunft bewegt. »Dies scheint nicht. Denn: I. Augustin sagt

zu Ps. 118.: Concupivit anima mea: ›Die Vernunft fliegt vo-
ran, es folgt spät oder gar kein Affekt; das Gute wissen wir, es
ergötzt uns nicht, es zu thun.‹ Das fände aber nicht statt, wenn
die Vernunft den Willen bewegte; denn die Bewegung des Be-
weglichen folgt dem Anstoße des Bewegenden.«

Dritter Tisch. »Wo war ich stehen geblieben?« »Bei der
Überleitung zum moralischen Charakter des Guten oder des
Bösen in den menschlichen Handlungen.« »Richtig! Also:
Denke nach, so viel du willst, denke hin und her, keines der
Güter, die du kennst, und nicht einmal alle zusammen, nichts
aus dem, was deine Sinne vorstellen, was deine Vernunft er-
faßt, bietet dir wahrhafte Ruhe.«

Vierter Tisch, viertes Thema: Die Einigung der menschlichen und göttlichen Natur. »Nichts Geschaffenes kann in Gott
sein; weil, was auch immer in Gott ist, Gott selber ist. Diese
Einigung aber ist in Gott; denn Gott selber ist mit der menschlichen Natur verbunden.«

Zurück zu Tisch eins: »II. Die Ewigkeit ist eine Dauer. Die
Dauer aber hat mehr Beziehung zum Sein wie zum Leben.
Also ist der Ausdruck ›Leben‹ mangelhaft.«

Ich muss gestehen: Allein beim Gedanken daran wird mir
schwindelig!

Jahr um Jahr wuchs die Summa Theologica und dann pas-
sierte, was der wunderbare Erzähler Hans Conrad Zander – wir
werden später noch auf ihn zurückkommen – so beschreibt:
»Es geschah am 6. Dezember 1273. Mitten in seinem epocha-
len Meisterwerk, mitten drin in der ›Theologischen Summe‹,
brach Thomas von Aquin alle Arbeit ab. Wohl kam er, wie
gewohnt, morgens nach der Messe zu seinem Sekretär Regi-

nald von Piperno. Doch er sagte kein Wort. Er schrieb nicht. Er diktierte keinen Satz. ›Ich kann nicht‹, war seine einzige Erklärung. Als Reginald, sein Ordensbruder und Freund, das lähmende Schweigen nicht mehr ertrug und bestürzt in ihn drang, fügte der 48-Jährige nur diesen Satz hinzu: ›Alles, was ich geschrieben habe, kommt mir vor wie Stroh.‹ Vier Monate später war Thomas von Aquin tot.«

Ein Schauer läuft mir den Rücken herunter, wenn ich das lese. Aber es kommt noch besser!

»An einem nur war Thomas von Aquin in diesen letzten Tagen vor seinem Tod noch gelegen: Die Gräfin Theodora von San Severino wollte er wiedersehen. Das war jene jüngere Schwester, die ihm einst beim Ausbruch aus dem Familiengefängnis geholfen hatte. Jetzt war auch die Schwester entsetzt über sein hartnäckiges, unerklärliches Verstummen. Sie bat Reginald von Piperno, noch einmal in ihren Bruder zu dringen, was denn mit ihm los sei. Thomas von Aquin sah den Freund an: ›Alles, was ich geschrieben habe, kommt mir vor wie Stroh – verglichen mit dem, was ich geschaut habe, und was mir offenbart worden ist.‹«

Was das gewesen ist, können wir nur spekulieren. Aber offenbar hatte dieser hochintelligente Mann ein Gotteserlebnis, das alles menschliche Begreifen übersteigt. – So, wie auch der zweite große Theologe, den ich hier anführen möchte als Bestärker meines Glaubens an die Existenz der Quelle unserer Sehnsucht. Ihm möchte ich mich über einen Umweg nähern, nämlich über die vielleicht ärmste Socke der ganzen Evangelien: Ex-Apostel Judas Iskariot. Was für eine tragische Gestalt! Dabei hat er einen unersetzlichen Part in der Erlösungsgeschichte, denn irgendjemand musste Jesus ja verraten. Wobei das im Grunde genommen natürlich Quatsch ist, denn wenn damals in Jerusalem einer bekannt war, dann dieser Jesus von Nazareth. Den musste man nun wirklich niemandem zeigen. Aber der Verrat durch einen Kuss, der hat seine besondere Bewandtnis, denn er macht deutlich: Das Tun allein sagt nichts darüber aus, in welchem Geiste es geschieht. Ein Kuss, eigentlich Zeichen der Zuneigung und der Liebe, kann wie hier zum Kuss des Todes werden, wenn eine böse Absicht dahintersteht. Aber soll Judas für diesen Verrat, der ja eine wichtige Funktion innerhalb der Erlösungsgeschichte hatte, wirklich auf ewig in der Hölle schmoren? So, wie Menschen über Jahrhunderte davon überzeugt waren? Noch heute ist sein Name ein Schimpfwort, Synonym für Verräter.

Der geneigte Leser folge mir bitte nach Frankreich ins 17. Jahrhundert. Wir befinden uns in der Auvergne.

Ein kleiner Junge klingelt wieder mal beim Dorfpfarrer. Er hat ein paar Münzen zusammengekratzt, gibt sie dem Pfarrer und sagt: »Abbé, ich möchte eine Messe lesen lassen für eine arme Seele.« »Denkst du an eine bestimmte arme Seele?« »Ja, aber ist die Messe auch gültig, wenn ich den Namen nicht nenne?« »Natürlich, mein Kind, das ist sie. Ich werde die Messe lesen, und du sagst dem allmächtigen und gütigen Vater im Himmel, wer diese arme Seele ist.« So geschah es Mal um Mal. Immer wieder, wenn der Junge ein paar Sou zusammengekratzt hatte, ging er zu seinem Pfarrer und ließ für diese arme Seele die Messe lesen.

Irgendwann konnte der Pfarrer seine Neugierde nicht mehr zurückhalten. »Mein Kind«, sagte er, »willst du mir nicht den Namen dieser armen Seele verraten? Du weißt, ich bin ein

Priester, und ich werde nicht weitersagen, was man mir mit der Bitte um Verschwiegenheit anvertraut. Du kannst es mir also ruhig sagen, für wen du die Messe lesen lassen möchtest.« Der kleine Junge nahm all seinen Mut zusammen und sagte: »Abbé, all die Messen, die ich lesen lasse, sind für Judas Iskariot!«

Der Name dieses kleinen Jungen war Blaise Pascal – einer der größten Philosophen und Mathematiker der Weltgeschichte. Blaise Pascal hatte also schon als Kind erkannt, dass eine der größten kirchlichen Vorverurteilungen diese arme Socke Judas Iskariot traf. Besonders eindrücklich geht diese Ungerechtigkeit, wie ich finde, aus einem der Gedichte des großen Theologen, Pfarrers und Dichters Kurt Marti (abendland, Gedichte, München 1980) hervor:

abendland

schöner judas
da schwerblütig nun
und masslos
die sonne
ihren untergang feiert
berührst du mein herz
und ich denke dir nach

ach was war
dein EINER verrat
gegen die VIELEN
der christen der kirchen
die dich verfluchen?

ich denke dir nach
und deiner
tödlichen trauer
die uns beschämt

Wie Blaise Pascal, wie Kurt Marti bin ich im Glauben versichert, dass Judas Iskariot wie alle, die in leidenschaftlicher Sehnsucht nach Gott gelebt haben und gestorben sind, bei Gott sind. Deshalb wage ich zu sagen: »Heiliger Judas Iskariot, bitte für uns arme Sünder, jetzt und in der Stunde unseres Todes. Amen.«

Weshalb aber nun Blaise Pascal? Wegen seines »Mémorial«. Auf einem Pergamentstreifen hat dieser große Philosoph und Mathematiker Erinnerungen an eine mystische Erfahrung festgehalten, über die er mit niemandem zu sprechen gewagt hat. Diese muss ihn unglaublich beeindruckt haben, denn er hat das Pergament in das Futter seines Rockes eingenäht und so immer bei sich getragen. Nach seinem Tode erst hat ein Diener es zufällig gefunden. In stammelnden Worten und Ausrufen und mit langen Gedankenstrichen hielt Pascal fest:

Jahr der Gnade 1654
Montag, den 23. November, Tag des heiligen Klemens, Papst
und Märtyrer, und anderer im Martyrologium. Vorabend des
Tages des heiligen Chrysogonos, Märtyrer, und anderer. Seit
ungefähr abends zehneinhalb bis ungefähr eine halbe Stunde
nach Mitternacht
Feuer
Gott Abrahams, Gott Isaaks, Gott Jakobs, nicht der
Philosophen und Gelehrten. Gewissheit, Gewissheit,

51

Empfinden: Freude, Friede. Gott Jesu Christi
Deum meum et Deum vestrum.
»Dein Gott wird mein Gott sein« – Ruth – Vergessen von der
Welt und von allem, außer Gott. Nur auf den Wegen, die das
Evangelium lehrt, ist er zu finden.
Größe der menschlichen Seele
»Gerechter Vater, die Welt kennt dich nicht; ich aber kenne
dich.«
Freude, Freude, Freude und Tränen der Freude.
Ich habe mich von ihm getrennt.
Dereliquerunt me fontem aquae vivae.
»Mein Gott, warum hast du mich verlassen.«
Möge ich nicht auf ewig von ihm geschieden sein.
»Das ist aber das ewige Leben, dass sie dich, der du allein
wahrer Gott bist, und den du gesandt hast, Jesum Christum,
erkennen.«
Jesus Christus!
Jesus Christus!
Ich habe mich von ihm getrennt, ich habe ihn geflohen, mich
losgesagt von ihm, ihn gekreuzigt.
Möge ich nie von ihm geschieden sein.
Nur auf den Wegen, die das Evangelium lehrt, kann man ihn
bewahren.
Vollkommene und liebevolle Entsagung. Vollkommene und
liebevolle Unterwerfung unter Jesus Christus und meinen
geistlichen Führer.
Ewige Freude für einen Tag geistiger Übung auf Erden.
Non obliviscar sermones tuos. Amen.

Ich weiß, dieser Text ist harter Tobak und aus der Warte der Rationalisten leicht zu erklären als Produkt eines neuronen-befeuerten Deliriums. Nicht umsonst hat Blaise Pascal ihn Zeit seines Lebens niemandem gezeigt. Aber warum hat er ihn dann eingenäht in seinem Rock immer bei sich gehabt? Zweif-ler mögen zweifeln, für mich ist dieses »Mémorial« ein weite-res Mosaiksteinchen im Bild jener geheimnisvollen Welt, der wir uns im Erdenleben nur tastend nähern können. Ich glaube nicht, dass Blaise Pascal halluziniert hat – seine Aufzeichnun-gen damit vom Tisch zu wischen, wäre mir zu plump –, son-dern ich glaube, dass ihm eine Offenbarung zuteil wurde, die in menschlichen Dimensionen nicht zu fassen ist. »Gewissheit, Gewissheit, Empfinden: Freude, Friede« – für mich ein weite-rer Hinweis auf das ewige Leben.

2. Vom Leiden und Glauben

2.1 Heinerle, komm bet mit mir, oder: Warum lässt Gott das Leid in der Welt zu?

Eines meiner eindrucksvollsten Fernseherlebnisse im Jahr 2017 war die Sendung, in der Heiner Geißler bei Markus Lanz über sein neues Buch sprach: »Kann man noch Christ sein, wenn man an Gott zweifeln muss?« Dieser Heiner Geißler war auch mit seinen fast 90 Jahren immer noch ein kleiner Rebell, dachte ich als Erstes. Und eine größere Version von Meister Yoda, wenn man ihn da so sitzen sah mit seinem faltigen Gesicht und den markanten Ohren. Auf seinen Reisen sei er immer mehr zu der Auffassung gekommen: »Da stimmt was nicht«, sagte dieser rebellische Meister-Yoda-Doppelgänger. »Während wir hier sitzen, in dieser Minute, werden Hunderttausende von Menschen zu Tode gefoltert, Frauen vergewaltigt, müssen Kinder sterben ... und das nicht jetzt ad hoc, sondern seit Zehntausenden von Jahren. Und da muss man sich eben die Frage stellen: Gibt es einen Gott, der dafür verantwortlich ist?« Die Erklärungen, die etwa die Theologie dazu abgeben würde, seien völlig unzureichend.

Es stellte sich heraus: Geißlers Glaube war zerschellt am »Felsen des Atheismus«. Als solchen hat Georg Büchner, nach dem der renommierteste deutsche Literaturpreis benannt ist, die Theodizee-Frage bezeichnet, also die Frage, warum Gott das Leid in der Welt zulässt. »Man kann das Böse leugnen, aber nicht den Schmerz«, lässt er seine Dramenfigur Thomas Payne in »Dantons Tod« sagen. »Merke dir es, Anaxagoras, warum leide ich? Das ist der Fels des Atheismus.« An diesem Felsen zerschellt oft das Schiff unseres Glaubens. Und damit hat Büchner völlig recht. Die Atheisten, um die es im ersten Teil ging, die Wissenschaftsgläubigen, die sagen: »Wir brauchen Gott nicht, um die Welt zu erklären«, sind nur das eine. Der für viele Menschen viel schwerwiegendere Grund, an der Existenz eines gütigen Gottes zu zweifeln, ist seine (vermeintlich?) unterlassene Hilfeleistung bei all dem unglaublichen Elend in der Welt.

Heiner Geißler führte das in der Sendung sehr anschaulich aus – unter anderem auch am Beispiel der Grausamkeit der Natur. Mit meinen Worten: Man kann doch nicht mehr alle Tassen im Schrank haben, an einen guten Gott zu glauben, der für eine Schöpfung verantwortlich ist, wo ein Wesen wie die Schlupfwespe ihr Ei in eine Raupe ablegt und die Larve dann die Raupe langsam von innen auffrisst. Was ist das denn für eine kranke Schöpfung? Und solche Beispiele gibt es ja viele: Ob es die Gottesanbeterin ist, die sich den Partner nach dem Geschlechtsakt einverleibt, der Tigerhai, bei dem Jungtiere im Mutterleib manche ihrer Geschwister auffressen, oder der Löwe, der nach Eroberung eines Rudels alle Jungtiere seines Konkurrenten tötet. Die Natur ist grausam! Um das zu erkennen, muss man nicht Thomas Hobbes' Ausführungen über den Naturzustand gelesen haben als Kampf aller gegen alle, in dem der Mensch dem Menschen ein Wolf ist. Die Natur ist kurz, schmerzhaft und grausam. Das sei übrigens auch allen Naturromantikern gesagt, die es so darstellen, als wäre in der Natur alles wunderbar, gäbe es nur den Menschen nicht. Kleiner Witz am Rande: Treffen sich zwei Planeten. Sagt der eine: »Du siehst aber schlecht aus, was ist los?« Sagt der andere: »Ich habe Homo sapiens.« Darauf der erste: »Ach, das hatte ich auch mal, das geht von alleine wieder weg!«

Aber zurück zur Frage: Wie passt die Schlupfwespe zu einem guten Schöpfer? Und noch viel mehr: Was ist mit den Kindern? Denn die Grausamkeit der Natur ist ja nur das eine. Viel massiver noch macht den Felsen, an dem unser Glaube zu zerschellen droht, die Grausamkeit des Menschen. Im Gipfel: die Grausamkeit Kindern gegenüber.

Selten ist das so eindrücklich ins Wort gebracht worden wie von Fjodor Michailowitsch Dostojewski in seinem Werk »Die Brüder Karamasow«. Iwan – Verkörperung des aufgeklärten, verstandesorientierten, atheistischen Intellektuellen – und Aljoscha – Verkörperung des orthodoxen Christen – diskutieren darin die Existenz Gottes. »Was ich nicht akzeptiere, ist nicht Gott, versteh mich recht!«, sagt Iwan. »Die von ihm geschaffene Welt, die göttliche Welt, akzeptiere ich nicht, kann ich mich nicht entschließen zu akzeptieren.« Aufgefordert, dies näher zu erläutern, spricht er über die Grausamkeit der Menschen. »Man spricht mitunter von der ›bestialischen‹ Grausamkeit eines Menschen – aber das ist den Bestien gegenüber eine arge Ungerechtigkeit und Beleidigung«, so Iwan. »Eine Bestie kann nie so grausam sein wie der Mensch, auf so raffinierte, kunstvolle Art grausam.« Und im Folgenden führt er verschiedene Beispiele an, in denen Kinder zum Opfer solcher Grausamkeit wurden. Etwa ein kleines, fünfjähriges Mädchen, das von seinen Eltern gehasst und allen möglichen Foltern unterworfen wurde. »Sie schlugen es, peitschten es, stießen es mit Füßen, ohne zu wissen warum, sodass der ganze Körper der Kleinen mit blauen Flecken bedeckt war. Zuletzt verfielen sie auf höchst raffinierte Martern. Sie sperrten sie bei starker Kälte eine ganze Nacht auf dem Abort ein. Und sie beschmierten ihr das Gesicht mit Kot und zwangen sie, diesen Kot zu essen: zur Strafe dafür, dass sie sich nachts bei einem körperlichen Bedürfnis nicht gemeldet hatte. Die eigene Mutter zwang sie dazu, die eigene Mutter!«, führt Iwan aus. »Und diese Mutter konnte schlafen, während das Stöhnen des armen Kindes zu hören war, das sie an diesem widerwärtigen Ort eingesperrt hatten. Verstehst du das, wenn das kleine Wesen, das noch nicht einmal zu begreifen versteht, was mit ihm geschieht, sich in Dunkelheit und Kälte und Gestank mit dem Fäustchen ängstlich gegen die Brust schlägt und mit unschuldigen, frommen Tränen den ›lieben Gott‹ um Schutz anfleht – verstehst du diese Sinnlosigkeit, du mein Freund und Bruder, du demütiger Diener Gottes? Verstehst du, wozu diese Sinnlosigkeit notwendig ist, wozu sie da ist? Man sagt, ohne sie könnte der Mensch gar nicht auf Erden leben; er würde das Gute und das Böse nicht erkennen. Aber wozu sollen wir dieses verdammte Gute und Böse erkennen, wenn uns das so teuer zu stehen kommt? Eine ganze Welt von Erkenntnis wiegt ja nicht die Tränen auf, mit denen das Kind zum ›lieben Gott‹ betet! Ich rede nicht von den Leiden der Erwachsenen, die haben von dem Apfel gegessen, hol' sie alle der Teufel! Aber die kleinen Kinder!«

»Aber die kleinen Kinder!« – das ist das Argument der Argumente. Das Leid der Kinder schreit zum Himmel! Und das tut es ja wirklich. Für den Atheisten schreit es in einen leeren Himmel. Denn an einen Gott, der das erträgt, ohne helfend einzugreifen, kann und will er nicht glauben.

Deswegen habe ich mir auch Iwans »Aber die kleinen Kinder!« zu eigen gemacht, als ich einmal die Chance hatte, Papst Benedikt XVI. zehn Fragen zu stellen. Das war eine Rubrik im »VATICAN-magazin«, dem literarischen Sprachrohr des konservativ-katholischen Lagers, einer Zeitschrift mit dem vielsagenden Untertitel »Schönheit und Drama der Weltkirche«. Zu den Herausgebern dieses Magazins gehört der Journalist Paul Badde, der übrigens originellerweise als Redakteur angefangen hat bei der sehr linken, fast anarchischen Satirezeitschrift »Pardon«. Dort hatte er ein Ressort inne, das er scherzhaft »Theologie und Pornografie« nannte. Der Mann war katholisch sozialisiert, hatte sich aber – wie viele, die sehr streng katholisch erzogen wurden – als Jugendlicher vom Glauben ein Stück weit entfernt. Trotzdem blieb immer das katholische »et et«. »Ich ging eine Zeitlang sonntags nicht mehr in die Kirche, sondern habe stattdessen alles Mögliche gemacht«, schrieb er mir mal. »Doch wenn ich allein in eine leere Kirche kam, habe ich wie automatisch immer noch meine Hand ins Weihwasserbecken gesteckt, um mich zu bekreuzigen. Und als die Becken trocken und die Kirchen leer wurden, bin ich im Dunkeln immer noch vor dem Tabernakel in die Knie gegangen.« Im Laufe der Zeit näherte sich Badde Kirche und Glauben wieder an über seine Stationen bei der »Frankfurter Allgemeinen Zeitung« und der Zeitung »Die Welt« bis eben zur Mit-Herausgeberschaft des »VATICAN-magazin«.

Als ich mir nun für dieses, wie gesagt, zehn Fragen an Benedikt XVI. überlegen durfte, habe ich geschrieben: 1. Aber die kleinen Kinder! Die unschuldigen, kleinen Kinder, deren Not in einen scheinbar leeren Himmel schreit. Was sagen Sie, Heiliger Vater, dazu? Das war meine erste Frage. Meine zweite Frage lautete: siehe erstens, meine dritte Frage: siehe erstens, meine vierte: siehe erstens ... und so habe ich das durchgezogen bis Frage zehn. Eine Antwort habe ich von Papst Benedikt XVI. leider nicht bekommen, aber ich höre diesen klugen, gebildeten, belesenen Mann förmlich entschuldigend sagen: »Sie müssen verstehen, ich kann nicht exklusiv für ein Magazin Leserfragen beantworten.«

Sehe ich ein! Zumal natürlich jede eindeutige Antwort ein Selbstbetrug wäre. Das ist und bleibt die dunkle, nicht zu verstehende Seite des Menschen und des Gottes, von dem wir glauben, dass er den Menschen nach seinem Bilde geschaffen hat. Angesichts der Abgründe, die Dostojewskis Iwan so eindrücklich schildert, kannst du nur schweigen – und im Schweigen dann entweder verdrängen oder oberflächlich darüber hinweggehen, daran verzweifeln oder zu einem scheinbar paradoxen »Und dennoch ...« kommen.

Sehr bewegend fand das Ausdruck in der Rede, die Benedikt XVI. 2006 beim Besuch des Konzentrationslagers Auschwitz gehalten hat und die ich als Antwort auf meine Fragen im »VATICAN-magazin« verstehe. »An diesem Ort des Grauens [...] versagen die Worte«, gestand der Papst. »An diesem Ort kann eigentlich nur erschüttertes Schweigen stehen – Schweigen, das ein inwendiges Schreien zu Gott ist: Warum hast du geschwiegen? Warum konntest du dies alles dulden?

[...] Immer wieder ist da die Frage: Wo war Gott in jenen Tagen? Warum hat er geschwiegen? Wie konnte er dieses Übermaß von Zerstörung, diesen Triumph des Bösen dulden?« Benedikts Antwort lautet: »Wir können in Gottes Geheimnis nicht hineinblicken – wir sehen nur Fragmente und vergreifen uns, wenn wir uns zum Richter über Gott und die Geschichte machen wollen. [...] Im Letzten müssen wir bei dem demütigen, aber eindringlichen Schrei zu Gott bleiben: Wach auf! Vergiss dein Geschöpf Mensch nicht!«

Jesus selbst, von dem wir ja glauben, dass er Gott ist, hat schließlich am Kreuz voller Verzweiflung geschrien: »Eloï, Eloï, lema sabachtani?, das heißt übersetzt: Mein Gott, mein Gott, warum hast du mich verlassen?« (Markus 15,34). Doch dieser Schrei, er endet in dem vertrauenden Gebet: »Vater, in deine Hände lege ich meinen Geist!« (Lukas 23,46). Selbst wenn dieser Satz historisch nicht wahr sein sollte – derjenige, der ihn aufgeschrieben hat, der wollte doch genau das ausdrücken: Wenn wir ehrlich sind, stehen wir erschrocken vor den Finsternissen und den Abgründen der Schöpfung. Wenn wir aber ehrlich weiterdenken, können wir das nur ertragen, wenn darauf ein »In deine Hände gebe ich meinen Geist« folgt.

Deshalb wiederholt die Kirche seit Beginn des Stundengebets diesen Satz in der Komplet: »In manus tuas, Domine, commendo spiritum meum«, »Herr, auf dich vertraue ich, in deine Hände lege ich mein Leben«. Das betet der alte Missionar im Hochland von Peru, das betet der junge Kaplan in Massachusetts, das betet die Ordensschwester im afrikanischen Busch, das betet der Papst und auch der bergische Jung Willibert Pauels in Wipperfürth.

Jesu Worte am Kreuz zeigen mir, dass ich beides vereinen kann: Zweifel und ehrliche Anklage der nicht zu verstehenden dunklen Seite Gottes, der abgrundtiefen Finsternis in seiner Schöpfung, einerseits, und mit der gleichen Intensität ein »Dennoch vertraue ich darauf, dass es dich gibt, Herr« und »Dennoch vertraue ich darauf, dass die Liebe siegt« andererseits. In diesem Sinn gilt für mich auch der Ausspruch des kolumbianischen Philosophen Nicolás Gómez Dávila: Wirklich gläubig ist nur der betende Zweifler. Und so wollte ich Heiner Geißler von meinem Sessel aus durch den Fernsehbildschirm zurufen: Heinerle, komm, bet' mit mir! Denn trotz aller Abgründe dieser Welt bleiben ein Nicht-Aufhören-Können, an Gott glauben zu wollen, ein heilsames Ringen und ein hoffnungsvolles »Trotzdem«.

Dieses heilsame Ringen findet in der Bibel unter anderem Ausdruck in der bemerkenswerten Geschichte, wie Jakob auf seinem Weg nach Hause von einem Engel in einen Kampf verwickelt wird – eine Geschichte, auf die ich wider Erwarten auch in Elke Heidenreichs Werk »Alles kein Zufall« gestoßen bin. Viele Geschichten in diesem Buch, das 2016 erschienen ist, tragen autobiografische Züge. Wie in einem Puzzle, in dem sich mal hier, mal da ein Stück zusammenfügen lässt, erfährt man, was für eine schwere Kindheit und Jugend Elke Heidenreich hatte. Ohne mich zum großen Psychologen aufschwingen zu wollen: Nach der Lektüre wunderte ich mich nicht mehr, dass diese intelligente, schriftstellerisch und erzählerisch so begabte Frau im menschlichen Miteinander wohl oft so schwierig ist und sich im Laufe ihres Lebens mit vielen guten Freunden überworfen hat. Auch, dass sie immer wieder mit depressiven

Phasen zu kämpfen hatte, mit Gefühlen der Einsamkeit und Verlorenheit, war für mich keine Überraschung mehr.

Die vorletzte Geschichte in dem Buch erzählt davon, wie sie in einer solchen Phase – »Ich war ratlos, ich fand, dass mein Leben in die falsche Richtung lief, und kriegte es nicht in den Griff« – alleine nach Paris reist. Ein Impuls, den ich gut nachvollziehen kann: Allein zu verreisen hat einen ganz besonderen Charme. Ich nenne es immer das »Hopper-Gefühl«. Wie in dem berühmten Gemälde »Nighthawks« (Nachtschwärmer) von Edward Hopper sitzt man dann abends allein an der Bar und gibt sich seinen Gedanken und der Melancholie hin. Wie in Reinhard Meys »Lied auf dem Grunde eines Bierglases gelesen«.

In solch einer Stimmung mag Elke Heidenreich in Paris gewesen sein. Abseits der touristischen Hotspots besuchte sie dort eine Kirche, die ihr aus der Oper »Manon Lescaut« bekannt war: Saint-Sulpice – eine große, dreischiffige Basilika im sechsten Arrondissement, im Stadtteil Saint-Germain-des-Prés, in der Rue Palatine. »Die Antwort auf all meine Zweifel, Sorgen, Fragen war gleich rechts hinter dem Eingang in der ersten Seitenkapelle«, schreibt sie. In dieser Kapelle hängt nämlich ein Juwel: ein riesiges Gemälde von Eugène Delacroix, den meisten wohl bekannt als Maler jener französischen Ikone »Die Freiheit führt das Volk«, die die Nationalfigur Marianne mit entblößter Brust und Tricolore in der Hand bei der Julirevolution von 1830 zeigt. In Saint-Sulpice hängt Delacroix' Bild »Der Kampf Jakobs mit dem Engel«.

Diese fast unheimlich wirkende Geschichte findet sich im ersten Buch Mose. »Doch noch in der gleichen Nacht«, heißt es dort, »stand er auf, nahm seine beiden Frauen, seine beiden Mägde und seine elf Söhne und durchschritt die Furt des Jabbok. Er nahm sie, führte sie über den Fluss und brachte auch alle seine Habe hinüber. Jakob blieb allein zurück. Da rang ein Mann mit ihm bis zum Anbruch der Morgenröte. [...] Darauf sprach der Mann: Lass mich los, denn die Morgenröte bricht an! Jakob aber sagte: Ich lasse dich nicht, bis du mich gesegnet hast. Der Mann sprach zu ihm: Wie heißt du? Er antwortete: Jakob. Da sagte jener: Du sollst nicht mehr Jakob heißen, sondern Israel (Gottesstreiter); denn du hast mit Gott gestritten und über Menschen wirst du siegen. Da fragte Jakob und sprach: Nenne mir doch deinen Namen! Er aber antwortete: Warum fragst du mich nach meinem Namen? Darauf segnete er ihn dort.« (1 Mose 32, 23–30)

Das Gemälde von Delacroix ist gewaltig, etwa sieben mal fünf Meter groß, und auch sein Jakob ist riesig: »ein Hüne, ein Zehnkämpfer, stark, gewaltig«, schreibt Elke Heidenreich. »Er stemmt sich gegen den Engel mit aller Kraft und der Engel hält ihn ruhig.« Fast könne man den Eindruck gewinnen, er würde mit ihm tanzen. Dieses Bild betrachtet Elke Heidenreich, und sie erkennt: »Er kann noch so sehr kämpfen, der Hüne Jakob, er wird den Engel nicht niederzwingen. Der Engel kämpft gar nicht. Er hält ihn einfach nur fest, gütig, leicht. Und irgendwann wird Jakob die Kraft ausgehen, und dann kann er ruhig werden. Und vielleicht glücklich.« Alle Angst und aller kämpferischer Zorn seien in diesem Moment von ihr abgefallen. »Nicht mehr kämpfen. Sich halten lassen«, schreibt sie. Und: »Zufällig auf dieses Bild gestoßen? Alles kein Zufall.«

In der Frage nach dem Leid und seinem Sinn nun ringe ich also mit Gott wie einst Jakob mit dem Engel und halte dabei fest an einem hoffnungsvollen »Trotzdem«: »Ich lasse dich nicht, bis du mich gesegnet hast.« (1 Mose 32,27b). Unnachahmlich poetisch hat Jakobs Kampf am Jabbok Eingang gefunden in das Gedicht »Der Schauende« von Rainer Maria Rilke:

Wie ist das klein, womit wir ringen,
was mit uns ringt, wie ist das groß;
ließen wir, ähnlicher den Dingen,
uns so vom großen Sturm bezwingen, –
wir würden weit und namenlos.

So heißt es in der dritten Strophe. Und weiter:

Was wir besiegen, ist das Kleine,
und der Erfolg selbst macht uns klein.
Das Ewige und Ungemeine
will nicht von uns gebogen sein.
Das ist der Engel, der den Ringern
des Alten Testaments erschien;
wenn seiner Widersacher Sehnen
im Kampfe sich metallen dehnen,
fühlt er sie unter seinen Fingern
wie Saiten tiefer Melodien.

Wen dieser Engel überwand,
welcher so oft auf Kampf verzichtet,
der geht gerecht und aufgerichtet

und groß aus jener harten Hand,
die sich, wie formend, an ihn schmiegte.
Die Siege laden ihn nicht ein.
Sein Wachstum ist: der Tiefbesiegte
von immer Größerem zu sein.

2.2 Was Wanderer und der Namensgeber eines Kekses wissen, oder: Kann man das Licht schätzen, ohne die Finsternis zu kennen?

In der genannten Lanz-Sendung fragte Heiner Geißler: »Warum soll dieses Leben, das für viele Menschen ein Pfusch ist, wo sie unglücklich sind, warum soll das ein Leben sein, das dem eigentlichen, ewigen, glücksseligen, paradiesischen Leben vorgeschaltet ist? Warum gibt es dieses glückliche Leben nicht gleich von Anfang an? Wieso ist da noch ein komisches, rätselhaftes Leben vorgeschaltet?« Und ich dachte: Yoda-Geißler, du warst doch leidenschaftlicher Bergsteiger! Du weißt doch, dass das Erklimmen eines Berges ein Dreck ist, wenn es nicht mit Mühen und Zweifel und Schmerzen und Wegrutschen und Weitermachen verbunden ist. Das Erreichen des Gipfels ist um so viel erfüllender mit Mühe als ohne! Natürlich ist das immer noch keine Antwort darauf, warum das so grausam zugehen muss in der Schöpfung, aber es ist ein Herantasten, dass es zumindest nicht sinnlos ist. Und mehr als ein Herantasten an eine Antwort wird es bei der Frage nach dem Leid eh nie geben.

Ich erinnere mich noch gut, wie ich als Kind das erste Mal den Zauber des Ankommens gespürt habe. Früh am Morgen kam mein Vater ins Zimmer, um mich zu wecken. »Lass mich! Ich will weiterschlafen.« »Aber Willibert, wir wollen doch nach Marienheide pilgern.« Also trotz der Müdigkeit, trotz der Dunkelheit: raus aus dem Bett. Den inneren Schweinehund überwinden. Anziehen. Noch schlaftrunken stolpere ich neben meinem Vater her zur Kirche. Da: Ein kleines Grüppchen steht am Eingang beisammen. Schemenhaft hebt sich das Vortragekreuz gegen den Himmel ab. Warten. Frieren. Leise Gespräche der Erwachsenen. Irgendwann hebt der Brudermeister seinen Stab, und wie auf ein geheimes Zeichen setzt sich die kleine Prozession in Bewegung und zieht durch die noch schlafende Stadt. Schritt für Schritt fällt die Müdigkeit von mir ab und ich gehe im Trott des Rosenkranzes: »Gegrüßet seist du, Maria ... heilige Maria, Mutter Gottes ...« Wie der Zeiger eines riesigen Metronoms gibt der Bruderstab den Takt an und teilt die Schritte und den Gang und den Weg ein: »Gegrüßet seist du, Maria ... heilige Maria, Mutter Gottes ...« Aus dem Morgengrauen, das unsere Schritte begleitet, schält sich langsam der anbrechende Tag, und wir gehen aus der Stadt hinaus, immer weiter dem Kreuz hinterher, gehen und gehen und gehen und gehen. Und irgendwann kommen wir an in den bergenden Mutterschoß der steinalten Wallfahrtskirche in Marienheide. Mit der Morgensonne ziehen wir in die Kirche ein und ohne, dass es mir irgendjemand hätte erklären müssen, begreife ich, dass das eines der schönsten und treffendsten Bilder ist für das Leben! Dass nicht die schnelle Bedürfnisbefriedigung Erfüllung schenkt, sondern das Ankommen nach einem langen, mühsamen Weg. Einem Weg, der aus der Dunkelheit über die Morgenröte ins Licht führt.

Ich bin mal gefragt worden: Wenn du malen könntest, Willibert, und du dürftest nur ein einziges Bild erschaffen in deinem Leben, was für eines wäre das? Nun bin ich ja ein konservativer Sack und kann mit abstrakter Kunst nichts anfangen. Apropos, kennen Sie schon den? Anzeige in einem Wochenblatt: »Abstrakt malender Künstler sucht Aktmodell. Zwölfeckiger Kopf bevorzugt.« Oder den? Onkel Franz gibt bei einem modernen Maler ein Porträt von sich in Auftrag. Als er das fertige Werk sieht, ist er entsetzt: Er erkennt sich überhaupt nicht wieder! Er zeigt das Bild seiner Frau. »Weißt du, wer das sein soll?« »Keine Ahnung!« Er zeigt das Bild seinem Bruder. »Kennst du die Person auf dem Bild?« »Nee, nie gesehen.« Schließlich zeigt er das Bild noch seinem Enkel. »Weißt du, wer das hier ist?« »Na du, Opa!« Onkel Franz ist platt. Zähneknirschend zahlt er dem Künstler den vereinbarten Lohn. »Woran hast du mich denn erkannt?«, will er wissen. Sagt der Junge: »An der grünen Jacke.« So halte ich mich gerne an Ephraim Kishons Aussage: »Ich glaube nicht, dass die moderne Kunst Gaukelei ist – ich weiß es.«

Könnte ich malen, wäre mein Bild also auf jeden Fall ein gegenständliches. Es wäre eine Abendszene und würde mich als Wanderer auf einem Weg zeigen, der sich vor mir durch einen Weinberg schlängelt. Der Betrachter muss spüren: Der Wanderer ist müde! Er hat schon einen anstrengenden, mühsamen Weg hinter sich. Und dann geht sein Blick ins Tal, wo im milden Schein der Abendsonne ein Dorf liegt, eine Kirche und daneben eine Gaststätte, eine Herberge.

Dieses Bild ist für mich die Zusammenfassung von Glück. Denn wer es sieht, spinnt es weiter, sieht sich selbst mit müdem Schritt über die Schwelle der Herberge gehen. »Habt Ihr noch ein Zimmer für einen erschöpften Wanderer?« »Ja doch, das Bett ist eben frisch bezogen! Kommt herein, legt ab, esst und trinkt etwas.« Erleichterung, als das Gewicht des Rucksacks nicht mehr auf den Schultern lastet. Erleichterung, als die schmerzenden Füße aus den Wanderschuhen freikommen. Erfrischung, als kühles Wasser Staub und Schweiß aus dem Gesicht abwäscht.

In der Gaststube ist eine Schar heiterer Menschen versammelt. An der Wand hängt eine Gitarre, und neben einem schönen Mädchen mit schwarzem Haar und dunklen Augen ist noch ein Platz frei. Sie winkt mich herbei und ich lasse mich neben ihr nieder. Sie reicht mir frisches, duftendes Brot und eine Platte mit Wurst und Käse, und die Wirtin bringt ein kühles Bier. Es wird gegessen und getrunken, erzählt und gelacht, und irgendwann nehme ich die Gitarre und spiele auf, und die schwarzen Augen des schönen Mädchens leuchten, als ich singe.

All das spiegelt sich für mich in dem Bild des Wanderers im Abendlicht, der im Tal die Herberge neben der Kirche sieht. – Jetzt müsste ich nur noch malen können!

Einer der beliebtesten Pilgerwege ist ja der Jakobsweg. Ist es Zufall, dass unser Wort Finsternis Ähnlichkeiten aufweist mit »finis terrae«, dem »Ende der Welt«, dem eigentlichen Ziel des Jakobsweges und – wo dieser exemplarisch steht für alle Pilgerwege – dem eigentlichen Ziel unserer irdischen Pilgerschaft? Wenn der Jakobspilger am Meer ankommt, am vermeintlichen »Ende der Welt«, und dort in die Nacht geht, ist es dann nicht die Nacht des Todes, die uns am Ende unseres Lebens alle erwartet? Und wenn er diese Nacht durchstanden hat und sich dann nach Osten orientiert, sieht er dann mit dem aufgehenden Licht »ex oriente lux« nicht die Auferstehung, die uns erwartet? Was aber wäre dieses Licht wert ohne die Erfahrung der Nacht?

Diese letztgenannte Frage hat auch einen Mann beschäftigt, dessen Name manch einem wohl nur noch deshalb bekannt ist, weil er ihn mit einem Keks mit 52 Zähnen teilt. Der Hannoveraner Unternehmer Hermann Bahlsen hat seine Butterkekse 1891 nämlich nach dem langjährigen hannoverschen Hofbibliothekar und Philosophen Gottfried Wilhelm Leibniz benannt. Genau genommen hat er sie übrigens »Leibniz Cakes« getauft, aber das wurde schnell zu »Keks« eingedeutscht. Ein Begriff, der erstmals 1915 in die neunte Auflage des Duden aufgenommen wurde, und zwar mit der Ermahnung: »Diese Eindeutschung des englischen cake ist annehmbar, aber es muß in der Einzahl Kek gesagt werden, nicht Keks.« Dass sich das nicht durchgesetzt hat, ist so bekannt, dass ich zurückkommen kann zum Namensgeber des Kekses: Leibniz.

Der gehört zur Kategorie der Universalgelehrten, war unter anderem Mathematiker, Historiker, Diplomat und einer der bedeutendsten Philosophen des ausgehenden 17. und beginnenden 18. Jahrhunderts. Wie so viele denkende Menschen vor ihm, hat auch er sich intensiv mit der Frage auseinandergesetzt, warum es das Leid in der Welt gibt. Seine Gedanken dazu hat er festgehalten in den »Essais de Théodicée sur la Bonté de Dieu, la Liberté de l'Homme et l'Origine du Mal«, auf Deutsch: »Abhandlungen über die Theodizee von der Güte Gottes, der Freiheit des Menschen und dem Ursprung des Bösen«, kurz: in seiner »Theodizee«.

Darin führt Leibniz aus, dass wir in der besten aller möglichen Welten leben. Allen, die jetzt »Wie bitte?« schreien wollen, »Guck dir den Krieg und den Terror und den Hunger und die Katastrophen auf dieser Scheiß-Welt doch an!«, sei gesagt: Schon zu seiner Zeit hat Leibniz ordentlich Prügel kassiert für diese These. Dabei hat er das Leid in der Welt keineswegs geleugnet. Im Gegenteil, er hat drei Arten von Übel unterschieden: das metaphysische Übel der Endlichkeit an sich, das daraus erwachsende physische Übel von Leid und Schmerz, das mit der Unvollkommenheit einhergeht, und das moralische Übel, das die menschliche Fehlbarkeit mit sich bringt, die aber wiederum Konsequenz der Freiheit ist, die Gott uns schenkt.

Trotz dieser Übel hält Leibniz daran fest, dass es keine bessere Schöpfung geben könnte – und ich finde, das macht Sinn. Denn: Wäre eine bessere Welt möglich, Gott hätte sie aber nicht erschaffen können, wäre Gott nicht allmächtig. Wäre eine bessere Welt möglich und er hätte sie auch theoretisch erschaffen können, hat es aber nicht getan, wäre er nicht gütig. Ich glaube aber nun mal mit Herz und Sinn und allem, was mich ausmacht, an einen allmächtigen Gott, der es gut mit uns meint. Und da es nicht so ist, als könne es überhaupt keine andere Welt als die unsere geben – Leibniz sagt: »Eine Unzahl anderer Welten war ebenso möglich« –, muss also zumindest aus Gottes Perspektive unsere Welt, in der das Leid nicht ausgeschlossen ist, tatsächlich besser sein als jede Alternative.

Im (übersetzten) Originalton des Keks-Philosophen: »Nun hat diese höchste Weisheit, verbunden mit einer gleich unendlichen Güte, nur die beste Welt erwählen können. [...] Wenn ein Gegner auf diesen Beweis nichts antworten kann, so wird er auf den Schlusssatz vielleicht durch einen entgegengesetzten Grund antworten und sagen, dass die Welt vielleicht ohne Sünde und ohne Leiden hätte sein können; allein ich bestreite, dass sie dann die *beste* gewesen sein würde. [...] Man kann sich allerdings eine Welt ohne Sünde und ohne Elend vorstellen und man könnte aus ihr Sevaramben, wie Romane voller Utopien machen; allein diese Welt würde im Uebrigen der unserigen erheblich nachstehen.«

Wohlgemerkt, das beantwortet noch nicht die Frage, warum das so ist, aber festhalten können wir: Aus Gottes Perspektive gehört die Existenz von Leid zum bestmöglichen Leben dazu.

Wer dieser Argumentation nicht folgen kann oder will, der sollte sich mal den Film »Die Truman Show« ansehen und überlegen, ob er danach nicht einfach aus dem Bauch heraus zustimmen würde. In diesem Spielfilm aus dem Jahr 1998 lebt der Versicherungsangestellte Truman Burbank, gespielt von Jim Carrey, in einer künstlich geschaffenen heilen Welt, weil er, ohne es zu wissen, Hauptdarsteller einer Fernsehshow ist. Die Produzenten haben unter einer Kuppel die Stadt Seahaven nachgebaut – mit künstlicher Sonne und künstlichem Mond, künstlichen Sternen und künstlichem Wetter – und Truman vom Baby-Alter an in dieser Stadt aufwachsen lassen, in der alle anderen Bewohner in Wirklichkeit Schauspieler sind. Truman geht es hervorragend. Alle Krisen, die er erlebt, sind so inszeniert, dass es nur Scheinkrisen sind, die sich schnell in Wohlgefallen auflösen. Echte Verzweiflung kennt Truman nicht. – Beneidenswert, könnte man meinen.

Doch der Zuschauer beneidet Truman nicht. Im Gegenteil: Er empfindet Mitleid. Zuzusehen, wie jemand von außen davon abgehalten wird, echte, uninszenierte Erfahrungen zu machen – auch schlechte! –, macht einen bekloppt. Die vermeintlich perfekte Welt, in der Truman lebt, ist es nicht. Denn, und da sind wir wieder bei unserem Keks-Philosophen, Leiderfahrungen gehören, auch wenn das verrückt klingt, zum bestmöglichen Leben dazu!

Am Ende findet Truman heraus, dass er in einer künstlichen Umgebung lebt. »War gar nichts echt?«, fragt er den Regisseur der Fernsehshow, der wie Gottes Stimme aus dem Kuppelhimmel zu ihm spricht. »Du warst echt«, antwortet dieser. »Deshalb hat man dir so gerne zugesehen.« Und als Truman sich dem Ausgang zuwendet, durch den er die künstliche Welt verlassen kann, sagt der Regisseur: »Hör mir zu, Truman. Da draußen findest du nicht mehr Wahrheit als in der Welt, die ich für dich geschaffen habe. Dieselben Lügen, derselbe Betrug. Aber in meiner Welt hast du nichts zu befürchten.«

In meiner Welt hast du nichts zu befürchten. Ist es nicht das, wonach wir uns alle sehnen? Die Zusage, dass uns nichts wirklich Schlimmes passieren wird? Vordergründig schon. Aber tief im Herzen fühlen wir, dass es das nicht sein kann. Dass es auch die Möglichkeit des Schlimmen geben muss. Deshalb entscheidet Truman sich zu gehen. Deshalb jubeln darüber im Film die Zuschauer der Truman-Show. Deshalb jubelt innerlich der Zuschauer des Films.

Was bleibt, ist die Frage nach dem Warum. Wie kann es sein, dass eine Welt, in der es Hass und Trauer, Krankheit und Leid gibt, besser ist – und von uns letztlich auch so empfunden wird – als eine vermeintlich perfekte Rundum-Sorglos-Welt? Einer Antwort können wir uns nur tastend nähern durch weitere Fragen wie zum Beispiel: In einer Welt ohne jegliche Dunkelheitserfahrung, könnte ich da die Sonne und das Licht schätzen? Könnte ich das Gute als gut erfahren, ohne sein Gegenteil, das Böse, zu kennen?

Im Letzten werden wir die Warum-Frage nicht beantworten können, weil wir mit unserem begrenzten menschlichen Denken einfach nicht in der Lage sind, den Plan Gottes erfassen zu können. Auch da lohnt es sich, nochmal beim Keks-Philosophen nachzuschlagen, der sagt: Das Universum ist viel zu komplex, als dass wir überschauen könnten, was eine Handlung hier oder da in Summe für Auswirkungen hat. Die Erfahrung lehrt: Aus Schlechtem kann auch etwas Gutes erwachsen. Im O-Ton: »Auch wissen wir, dass sehr oft ein Übel ein Gut bewirkt, was ohne jenes nicht eingetreten sein würde. Oft haben selbst zwei Übel ein großes Gut bewirkt.« Ein Urteil aber können wir uns aufgrund der Komplexität des Ganzen nicht erlauben, denn: »Der Gegenstand Gottes hat etwas Unendliches an sich; seine Sorgfalt umfasst das Universum; was wir davon kennen, ist so viel wie nichts.« Da wäre es wirklich verwegen, Gottes Weisheit und Güte nach unserem Wissen messen zu wollen.

Was wir aber können, ist durch die Betrachtung einer kleinen Einheit wie zum Beispiel einer Pflanze oder eines Tieres die perfekte Ordnung erahnen, die hinter allem steht. »Sehen wir dagegen einen zerbrochenen Knochen, ein Stück Fleisch von Thieren, einen Zweig von einer Pflanze, so scheint da nur Unordnung zu sein, wenn nicht ein tüchtiger Anatom sie betrachtet«, schreibt Leibniz, »und auch dieser würde darin nichts erkennen, wenn er nicht früher solche Stücke in Verbindung mit dem Ganzen gesehen hätte. So ist es auch mit der Regierung Gottes; das, was wir bis jetzt davon sehen können, ist ein Stück und nicht gross genug, um daran die Schönheit und Ordnung des Ganzen zu erkennen.« Oder wie der Apostel Paulus es in seinem berühmten Hohelied der Liebe formuliert: »Jetzt sehen wir in einem Spiegel alles rätselhaft, dann aber von Angesicht zu Angesicht. Jetzt erkenne ich stückweise, dann aber werde ich ganz erkennen, so wie auch ich ganz erkannt worden bin.« (1 Korinther 13,12)

Wem das Ganze nunmehr zu philosophisch geworden ist, der kann sich hoffentlich im nächsten Kapitel wieder etwas entspannen, denn da möchte ich mich der Frage nach dem Leid in der Welt mal von einer ganz anderen Seite nähern.

Ende des 17. Jahrhunderts zog ein Schulmeisterlein namens Joachim Neumann von Hamburg nach – Kölner Leser müssen jetzt sehr tapfer sein – Düsseldorf. Da es zu dieser Zeit angesagt war, alles zu »vergriechischen« – ähnlich der heutigen Mode, englische Begriffe einzusetzen, um »up to date« zu wirken –, wurde aus Neumann »Neander«. Jener Joachim Neander trat nun in Düsseldorf die Stelle als Schulmeister an, hatte aber darüber hinaus noch eine große Leidenschaft: Er dichtete! Sonntags ging er mit Gefährten hinaus in ein romantisches Tal bei Düsseldorf. Dort setzten sie sich in der bergischen Sonne im Kreis auf Steinen nieder, und in der Mitte trug Joachim Neander seine neuesten poetischen Werke vor. Das hat die bergischen Bauern wohl dermaßen »beeindruckt« – »Luur ens, do kütt at widder dä bekloppte Neander« –, dass das Tal im Volksmund zum Neandertal wurde. So gab das dichtende Hamburger Schulmeisterlein dem Tal seinen Namen und damit auch dem »Neanderthaler«, der nach seinem Fundort benannt ist. Doch zurück zu Neanders Poesie. All seine Werke sind vergessen – bis auf eines: Lobe den Herren!

Lobe den Herren, den mächtigen König der Ehren,
lob ihn, o Seele, vereint mit den himmlischen Chören.
Kommet zuhauf, Psalter und Harfe, wacht auf,
lasset den Lobgesang hören!

Ich muss gestehen: Schon als Jugendlicher konnte ich das Lied nie leiden! Warum? Weil es schon fast verhöhnend eine Lüge in Versen festhält:

Lobe den Herren, der alles so herrlich regieret,
der dich auf Adelers Fittichen sicher geführet,
der dich erhält, wie es dir selber gefällt;
hast du nicht dieses verspüret?

Nein! Hatte ich nicht! Leben war schon damals alles andere als ein schöner Rundflug auf Adlers Fittichen. Ich sah in diesem Lied ein Paradebeispiel für den frechen Betrug der Religion, uns zu suggerieren, wir wären allzeit von Gott behütet.

Bis ich lernte – für irgendwas ist das Studium ja doch gut –, warum dies Bild von den Adler-Fittichen überhaupt in die Bibel und damit in Neanders Dichtung hineingekommen ist. Dahinter steckt nämlich die Beobachtung der Wüstenmenschen, wie der Adler seinen Kindern das Fliegen beibringt. Und das ist grausam!

Unterstellen wir mal, das kleine Adlerjunge könne menschlich denken und fühlen. Dann ist es die erste Zeit seines Lebens in dem kindlichen Glauben aufgewachsen: »Ich bin behütet. Meine Eltern haben mich lieb und sind immer für mich da!« Und dann passiert es. Dann passiert das, was jedem, der im kindlichen Glauben beheimatet ist, früher oder später widerfährt: Der Glaube wird erschüttert und die Aussage »Ich bin behütet« als gigantische Lüge empfunden.

Das Adlerjunge wird aus dem Nest geworfen – von den eigenen Eltern! In Todesangst und Panik stürzt es in die Tiefe, und wenn es überhaupt noch einen klaren Gedanken fassen kann, dann wird es der sein: »Es war alles gelogen! Ich habe doch geglaubt, meine Mutter und mein Vater würden mich lieben und behüten – und jetzt haben sie mich in den Abgrund gestoßen. Es war alles Lüge!« Doch nun kommt es: Bevor das Adlerjunge am Boden zerschellt, jagt der Adlervater ihm im Sturzflug hinterher, fängt es auf seinen Fittichen auf und bringt es zurück ins Nest. Das ist das Bild von »der dich auf Adelers Fittichen sicher geführet«.

Nur: Die Sicherheit im Nest ist nicht von Dauer. Am nächsten Tag wird das Kind wieder über den Rand gestoßen und wieder fällt es trudelnd seinem Untergang entgegen. Der Schmerz über den vermeintlichen Verrat der Eltern mag bei diesem zweiten Sturz kaum weniger groß sein als beim ersten Mal. »Wozu haben sie mich gestern gerettet, nur um mich heute doch zugrunde gehen zu lassen?« Doch wieder kommt der Vater in letzter Sekunde angeschossen, fängt das Kind auf und trägt es zurück zum Nest. Dieses grausame Spiel wiederholt sich so lange, bis das Adlerjunge erkennt: »Auch wenn der Schreck mir jedes Mal aufs Neue in die Glieder fährt, ich stürze nicht in meinen Tod. Trotz aller Panik und trotz aller Angst, ich werde nicht zerschellen. Auch wenn es paradox und nicht zu begreifen ist: Derjenige, der mich aus dem Nest stößt, fängt mich auch wieder auf.« Und jetzt kommt das Unglaubliche: In dem Augenblick, wo das Kind die Panik verliert und das Vertrauen zurückgewinnt: »Ich werde nicht zugrunde gehen«, breitet es die Flügel aus und fliegt!

Das ist für mich – pädagogisch wie religiös – eine Schlüsselgeschichte geworden. Leben heißt eben nicht paternalistische Betüttelung, sondern Leben heißt Fliegenlernen. Nun könnte man natürlich fragen: Warum hat die Natur es denn bitteschön nicht gleich so eingerichtet, dass das Kind von alleine fliegen lernt? Warum muss es das über diese grausame Absturz-Erfahrung lernen? Ich weiß nicht warum. Es ist, wie es ist. Aber: Das Kind hätte nie fliegen gelernt, wenn es im Nest geblieben wäre. Und vielleicht ist die Panikerfahrung wichtig, damit es in künftigen Angstsituationen nicht direkt verkrampft, sondern sich im Unterbewusstsein erinnert: Ich habe durchs Abstürzen Fliegen gelernt. Es wird schon seinen Sinn haben.

So gesehen wachsen wir ja auch durch Stürze ... Jeder erlebt doch Phasen des Ungeschütztseins und der Verletzbarkeit. Nehmen wir nur die Pubertät: Da weiß man doch gar nicht mehr, wo rechts und links ist und wohin mit sich und seinen Gefühlen. Mal verkriecht man sich in der bergenden Höhle des Elternhauses, dann will man nur noch raus aus dieser Höhle, dann macht einem das Draußen wieder Angst, das Drinnen ist aber auch nicht mehr das, was es mal war ... kurz: Man fühlt sich völlig ungeschützt.

Es ist wie bei einem Flusskrebs, der sicher lebt im Schutz seines Panzers. Irgendwann aber wird ihm der Panzer zu eng. Und dann gibt es nur zwei Möglichkeiten: Entweder, der Flusskrebs entwickelt sich nicht weiter, oder aber – und das ist der Normalfall – er wirft den alten Panzer ab. Diese Häutung ist ein schwieriger Prozess, sie kostet Kraft und ist für das Tier nicht ungefährlich, weil es währenddessen wehrlos und verletzbar ist. Sein neuer Panzer ist noch weich und bietet keinen ausreichenden Schutz. Aber mit der Zeit härtet er aus, und wenn der Flusskrebs es schafft, diese Phase heil zu überstehen, dann bietet ihm der neue, größere Panzer auch wieder die gewohnte Sicherheit.

So kann ich – übertragen auf die Religion – sagen: Trotz aller scheinbar sinnlosen Abstürze, die das Leben mit sich bringt, und trotz dieses letzten gigantischen Absturzes in den Tod, der uns allen einmal bevorsteht, werden wir am Ende nicht zerschellen, sondern von Gott aufgefangen wie »auf Adelers Fittichen«, und dann trägt er uns nach Hause. Und das gilt selbst dann, wenn wir in unserem Leben nicht Fliegen lernen. Es sind sicher Ausnahmen, aber auch da, wo zum Beispiel Kinder mit von Missbrauch und Gewalt zerstörter Seele selbst gewalttätig werden, wo sie in ihrem Leben einen Absturz nach dem nächsten erleben und nie ans Fliegen kommen, selbst da erlaubt mir mein Glaube zu sagen: Auch diese gescheiterten Existenzen werden am Ende nicht zerschellen, sondern sie werden aufgefangen in Gottes Hand.

Und so kann ich mit den Worten von Joachim Neander inzwischen voll Inbrunst singen:

Lobe den Herren, der alles so herrlich regieret,
der dich auf Adelers Fittichen sicher geführet,
der dich erhält, wie es dir selber gefällt;
hast du nicht dieses verspüret?

Lobe den Herren, der künstlich und fein dich bereitet,
der dir Gesundheit verliehen, dich freundlich geleitet.
In wie viel Not hat nicht der gnädige Gott
über dir Flügel gebreitet!

2.3 Ich brauche jetzt etwas mit Haut drumherum, oder: In Jesus ist Gott begreifbar geworden

Doch alle Inbrunst soll nicht darüber hinwegtäuschen, dass in der Frage nach dem Leid und seinem Sinn uns Gott letztlich ein ewiges Rätsel bleibt. In dieser Unbegreiflichkeit ist Gott entsetzlich weit von uns entfernt. Darin unterscheidet er sich nicht von Allah, vor dem sich die Muslime wurmgleich im Staub winden bei der Anbetung dieses letzten Geheimnisses des Universums. Auch in der Bibel stehen solche Sätze wie »Unser Gott ist ein verzehrendes Feuer« (Hebräer 12,29), und nicht umsonst warnt die Stimme aus dem brennenden Dornbusch Mose: »Komm nicht näher heran!«

Dieses faszinierende Urgeheimnis, das wir nicht begreifen können, sendet schon dadurch, dass es so unendlich unterschieden ist von uns, einen Schrecken aus. Würden wir uns diesem Urgeheimnis nähern, wir würden verbrennen. Selbst die Cherubim, die Engel, die Gott erkennen, weil sie die Stufe des Todes überschritten haben, können sich ihm nicht nähern. Der Mythologie der Engellehre zufolge sind die Seraphine die Lebewesen, die sich Gott am nächsten aufhalten können – und sie brennen, aber sie verbrennen nicht. Eine höchst interessante Fußnote: Brennen für Gott ist danach näher, als ihn zu erkennen!

So haben wir Gott – wie in allen monotheistischen Religionen – als unerklärbares, erschreckendes Geheimnis. Nicht umsonst heißt es im Buch Jesaja: »Denn meine Gedanken sind nicht euere Gedanken und euere Wege sind nicht meine Wege – Spruch des Herrn. So hoch der Himmel über der Erde ist, so hoch sind meine Wege über eueren Wegen und meine Gedanken über eueren Gedanken.« (Jesaja 55,8f)

Hans Küng hat die Dreifaltigkeit auf die prägnante Formel gebracht von Vater, Sohn und Heiligem Geist als »Gott über uns«, »Gott neben uns« und »Gott in uns«. Und in seiner Unerreichbarkeit und Ferne ist Gott tatsächlich »über uns«: nicht erklärbar, unvorstellbar fremd und darin auch furchterregend, denn Angst haben wir immer vor dem Fremden. Besonders populär ist dieser Gott bei uns Christen gerade nicht, aber das Christentum ist nur akzeptabel, wenn es Gott nicht auf »den lieben Gott« reduziert.

Den eigentlich unüberbrückbaren Graben zwischen dem geheimnisvollen, fremden Gott und uns Menschen zu überbrücken, das geht nur in eine Richtung, nämlich wenn der Unerreichbare selbst herüberkommt. Und genau das hat er in Jesus getan. In ihm ist der unfassbare Gott im wahrsten Sinne des Wortes begreifbar geworden. Deshalb sind die schönsten Szenen des Evangeliums die, in denen Jesus sich »begreifen lässt« – etwa, wenn der alte Simeon das Kind Jesus in seine Arme nimmt (Lukas 2,28) –, oder wo er den Menschen körperlich nahekommt. Über die Heilung eines Aussätzigen heißt es: »Da streckte er, von Mitleid ergriffen, seine Hand aus, berührte ihn und sagte zu ihm: Ich will; sei rein!« (Markus 1,41) Er streckte die Hand aus und berührte ihn. Bei der Heilung der gekrümmten Frau: »Als Jesus sie sah, rief er sie zu sich und sagte zu ihr: Frau, du bist von deiner Krankheit erlöst. Und er legte ihr die Hände auf. Sogleich richtete sie sich auf und pries Gott.« (Lukas 13,12f) Er legte ihr die Hände auf. Bei der Auferweckung der Tochter des Jairus: »Er aber wies alle hinaus, nahm des Kindes Vater und Mutter sowie seine Begleiter mit sich und ging in die Kammer, in der das Kind lag. Er ergriff die Hand des Kindes und sagte zu ihm: Talita kum!, was übersetzt heißt: Mädchen, ich sage dir, steh auf! Sofort stand das Mädchen auf und ging umher.« (Markus 5,40ff) Er fasst das Kind an der Hand. Genau genommen sagt Jesus übrigens gar nicht »Mädchen«, sondern viel zärtlicher »Lämmlein«. Wie viel Wärme, wie viel erbarmende Liebe liegt in dieser Anrede?

Viele Beispiele noch ließen sich anführen für die Körperlichkeit Jesu, die umso bemerkenswerter ist im Kontext einer sehr körperdistanzierten Zeit, zu der die Evangelien geschrieben wurden. Eine Ahnung, wie das damals gewesen ist, kann man bekommen, wenn man sich heute bestimmte Ausprägungen der muslimischen Kultur ansieht. Dass Frauen sich dort in einem Stoffgefängnis zu verstecken haben, das im Extremfall nur einen Schlitz zum Rausgucken (und Reingucken) lässt, kommt ja nicht von ungefähr. Wie sehr Körperlichkeit in diesem Kulturkreis auch heute noch ein Tabu ist, ist mir bei einem Auftritt in einer Moschee bewusst geworden. Das war im Kontext einer Kabarettreihe des Westdeutschen Rundfunks (WDR) mit Jürgen Becker, bei der wir Programm gemacht haben, immer abwechselnd in einem atheistischen Raum, einem christlichem Raum, einem jüdischen Raum und einem muslimischen Raum. Und als ich da in Marxloh im Kulturraum unter der Moschee auf der Bühne stand, fing, gerade als ich mein »Heidewitzka, Herr Kapitän« anstimmte, oben der Muezzin an zu rufen. Sein »Ḥayya ʿalā ṣ-ṣalāt« (Eilt zum Gebet) mischte sich mit meinem Heidewitzka, und er ließ mich singen, und ich ließ ihn rufen, und alle merkten: So sollte es eigentlich immer sein. Das ging.

Zwei Dinge aber gingen nicht, das hatte Jürgen Becker mir vorher sehr deutlich gesagt. Erstens: keine Witze über »untenrum«, also keine unanständigen Witze. Und zweitens: keine Umarmung. Um Himmels willen sollte ich nicht auf die Idee kommen, die Muslimin, die seitens der Ditib den Abend organisiert hatte, zur Begrüßung oder zur Verabschiedung oder wann und wie auch immer zu umarmen. Das muss man sich mal vorstellen! Aber das nur als Randbemerkung zum Thema Körperdistanziertheit heute … Wir waren ja bei der Zeit Jesu.

Und zu eben dieser Zeit hat jener Jesus von Nazareth sich keinen Deut darum geschert, was »man tut« und was »man nicht tut«. Er nimmt die Kinder in seine Arme. Er wäscht seinen Jüngern die Füße. Er bestreicht die Augen eines Blinden mit seinem Speichel, um ihn zu heilen. Eine Sünderin lässt er über seinen Füßen ihre Tränen vergießen und sie mit ihren Haaren trocknen. Dieser Jesus lässt sich anfassen – selbst nach seiner Auferstehung noch.

»Wenn ich nicht an seinen Händen das Mal der Nägel sehe und meinen Finger in das Mal der Nägel lege und meine Hand in seine Seite lege, glaube ich nicht«, sagt sein Jünger Thomas. (Johannes 20,25) Und Jesus gewährt ihm dieses »Begreifen«: »Reiche deinen Finger her und sieh meine Hände an und reiche deine Hand her und lege sie in meine Seite.« Nicht umsonst hat Papst Gregor der Große einmal über Thomas gesagt, er habe mit seinem Unglauben mehr für unseren Glauben getan als alle gläubigen Apostel zusammen. Denn wir sind wie das kleine Mädchen, das nachts zu seiner Mutter ins Bett gekrochen kommt mit den Worten: »Mama, ich weiß ja, dass der liebe Gott immer bei mir ist, aber ich brauche jetzt was mit Haut drumherum.«

In Jesus ist Gott für uns begreifbar geworden, weil wir Menschen etwas brauchen, mit Haut drumherum! Auf keine andere Art und Weise hätte der Graben zwischen dem unfassbar fremden Geheimnis Gottes und uns überbrückt werden können. Und in keiner anderen Religion wurde er so überbrückt. Das gibt es nur im Christentum!

2.4 Die von der Bärengruppe sind doof, oder: Der Herdentrieb gehört zur Natur des Menschen

Auch in der Fernsehsendung mit Heiner Geißler kam man schließlich auf Jesus zu sprechen. Die Frage: »Gibt es einen Gott?« hatte der knautschige alte Yoda-Meister letztlich mit »Ich weiß es nicht« beantwortet, sich also als Agnostiker geoutet. »Die Frage nach Gott, die kann niemand mit Sicherheit beantworten«, sagte er. »Ich lasse das mal so stehen.« Diese Einstellung halte ich übrigens für die heimlich am meisten verbreitete, weil wir uns nun einmal der Sache nach von Gott kein Bild machen können. Alle Bilder, die uns zur Verfügung stehen, sind aus unserer Kindheit. Der alte Mann mit dem weißen Bart auf dem himmlischen Thron hilft einem aber wenig, wenn es um einen erwachsenen Glauben geht.

Aber: Heiner Geißler outete sich nicht nur als Agnostiker, sondern bekannte sich auch dazu, großer Jesus-Fan zu sein. Ob Gott existiere, sei ungewiss, »aber eines wissen wir: dass Jesus existiert hat«, sagte er. »Und wir wissen auch, was er gesagt hat. Und die Botschaft, die er vermittelt hat, die kann durchaus den Menschen ein sinnvolles Leben ermöglichen, und zwar, indem wir den Menschen helfen, die in Not sind.« Nächstenliebe sei keine Gefühlsduselei oder platonische Spielerei. Die klare Aussage Jesu, auch mit der Geschichte vom Samariter, sei: »Wir müssen denen helfen, die in Not sind, das kann sogar der Feind sein.«

»Ja, aber …«, wollte ich da durch die Mattscheibe rufen. Ja, aber … du kannst doch nicht Jesus auf einen Sozialpolitiker reduzieren! Aufgeregt rutschte ich in meinem Sessel hin und her und scharrte mit den Füßen. Du kannst doch nicht beklatschen, was Jesus über das Zusammenleben der Menschen gesagt hat, und das, was er über Gott, seinen Vater, gesagt hat, ignorieren. Zumal Jesu Reden vom Reich Gottes um die zwei Drittel seiner Botschaft ausmachen. Hat er doch selbst vor Pilatus gesagt: »Mein Königtum ist nicht von dieser Welt. Wenn mein Königtum von dieser Welt wäre, würden meine Diener kämpfen, dass ich den Juden nicht ausgeliefert würde. Nun aber ist mein Königtum nicht von hier.« (Johannes 18,36) Sich einerseits auf Christus zu beziehen und seine sozialrevolutionären Ideen zu preisen und andererseits seine Reden von Gott und vom Himmel zu unterschlagen, das ist unredlich.

Damit möchte ich um jenes Himmels willen nicht den Beitrag Jesu für ein gelingendes Zusammenleben der Menschen auf dieser Erde kleinreden. Im Gegenteil: Seine Lehre von der radikalen Liebe, sogar dem Feind gegenüber, war ein nicht zu leugnender Quantensprung! Seine Bergpredigt eine seitdem nie eingeholte Provokation! Als es bei den Nahtod-Erlebnissen um die Bekehrung des Paulus ging, habe ich das bereits angedeutet.

Was für eine Sensation Jesu Botschaft von der Nächsten- und der Feindesliebe war und ist, kann man nur verstehen, wenn man sich vor Augen führt, dass das »Wir und die anderen«-Denken seit Millionen Jahren in unserem evolutionären Muster eingewoben ist. Der Mensch ist ein Herdentier. »Sieh zu, dass du zu einer Herde gehörst, denn die Herde gibt dir Heimat und Identität, sie gibt dir Schutz und Sicherheit«, das ist unser genetisches Programm. Nichts ist verletzender für ein Kind, als ausgeschlossen zu werden mit dem Satz: »Du darfst nicht mitspielen.« Nichts größer als die Sehnsucht eines Jugendlichen, zur Peer-Group dazuzugehören, selbst wenn er dafür grausame Aufnahmerituale überstehen muss. Nie ist der Mensch emotionaler, als wenn sein Verein beim Fußball siegt. Sport und Spiel haben da eine ganz wichtige Funktion: Innerhalb eines vorgegebenen Regelwerks kann der Mensch dabei nämlich seinen natürlichen Herdentrieb ausleben – genussvoll und phantasievoll. Es gab mal eine Zeit, da waren Gesellschaftsspiele en vogue, bei denen es keine Gewinner und Verlierer gab. Was für ein Blödsinn. Spiele ohne Gewinner und Verlierer sind langweilig. Und sie sind eine vertane Chance, denn Spiele wie »Mensch ärgere dich nicht« helfen Kindern zu lernen, in Würde zu verlieren. Die Schmähung des Gegners gehört dabei bis zu einem gewissen Grad dazu.

Oder die ganzen Witze, die Kölner über Düsseldorfer machen! Ein Düsseldorfer zieht einen Ballen Stroh hinter sich her. Kommt ein anderer und fragt: »Warum ziehst du das Stroh denn hinter dir her?« Antwort: »Man kann ja nicht alles im Kopf haben.« Oder: Kommt ein Düsseldorfer an die Himmelstür. Klopft, Kläppchen geht auf, Petrus erscheint. »Ja, bitte?« »Guten Tag, mein Name ist Schneider, ich möchte in den Himmel.« »Wo kommen Sie denn her, Herr Schneider?« »Aus Düsseldorf.« »Tja, tut mir leid, dann kann ich Sie leider nicht reinlassen. Da müssen Sie erstmal mehrere Runden im Fegefeuer drehen und dann können wir weiterschauen.« Da regt sich der Düsseldorfer auf. »Das ist ja eine Unverschämtheit! Wissen Sie eigentlich, wie viel Kirchensteuer ich bezahlt hab'? Was meinen Sie, was da für ein Geld zusammengekommen ist?! Da leben Sie hier gut von, von meinem Geld, und jetzt soll ich nicht in den Himmel dürfen. Das ist ja wohl …« »Na gut, na gut«, unterbricht ihn Petrus. »Ich rede mal mit dem Chef.« Sagt's und verschwindet. Kurze Zeit später: Kläppchen geht wieder auf. Petrus ist etwas außer Atem. »Alles in Ordnung«, sagt er. »Ich habe mit dem Chef gesprochen. Sie können das Geld wiederhaben.«

Immer wieder habe ich mir Kritik anhören müssen, wenn ich solche Witze im Karneval erzählt habe. Das könne ich als

Diakon doch nicht machen, schließlich gehöre Düsseldorf auch zum Erzbistum Köln. Was diese Menschen nicht verstanden haben: Ich liebe Düsseldorf! Meine besten Freunde sind Düsseldorfer und Düsseldorf ist – liebe Kölner, es tut mir leid, das sagen zu müssen – die weitaus schönere Stadt. Das eine hat aber mit dem anderen nichts zu tun.

Wenn nun die Kölner Witze machen über die Düsseldorfer: Das ist kein Verbrechen, sondern Zeichen einer gesunden Konkurrenz. Der Herdentrieb hat so ein völlig unschädliches Ventil. Spielerische Auseinandersetzungen gehören deshalb meiner Meinung nach unbedingt gefördert.

Problematisch wird es immer erst dann, wenn eine spielerische Auseinandersetzung in Hass umschlägt, wenn – wie zum Beispiel bei Hooligans – das Maß für einen genussvoll ausgetragenen Streit verlorengeht. Das passiert, wenn die Perspektive über den Dingen fehlt, von der im Folgenden noch oft die Rede sein wird. Wenn nicht mehr du die Konkurrenz zum Gegner bestimmst, sondern diese Konkurrenz dich bestimmt.

Grundsätzlich gilt: Die Abgrenzung zu anderen stärkt das Wir-Gefühl. Das beginnt schon im Kindergarten. Es dauert keine drei Tage, bis das Kind aus der Löwengruppe sagt: Die von der Bärengruppe sind doof! Denn nichts schweißt die eigene Gruppe, die eigene Herde stärker zusammen als ein gemeinsames Feindbild. Und ein fester Herdenzusammenhalt, das ist eben das, wonach wir evolutionär bedingt streben. Das ist auch nicht schlimm, man muss sich dessen nur bewusst sein. Dann ist man nämlich eher vor einem Missbrauch dieses Triebes gefeit. Denn: Alle Diktatoren wissen darum und rufen deswegen immer wieder Feindbilder auf.

Leider haben alle Religionen das Potenzial, als Mittel politischen Fundamentalismus' missbraucht zu werden. Keine Religion ist davor gefeit – auch nicht der angeblich so friedliche Hinduismus, auch nicht der Buddhismus. Ob in Indien Hindus als terroristische Gotteskrieger auftreten oder in Myanmar Buddhisten Muslime töten: Wo hasserfüllt eine Herde die andere bekämpft, gibt es immer die Gefahr, dass die Religion missbraucht wird, um diesen Hass zu befeuern.

François Mitterrand rief Anfang 1995 in seiner letzten Rede vor dem Europa-Parlament in Straßburg, schon gezeichnet vom Krebs, den Abgeordneten zu: »Le nationalisme, c'est la guerre«, der Nationalismus, das ist der Krieg. Und was ist Nationalismus anderes als übersteigertes, durch Feindbilder befördertes Herdendenken? Ich glaube, die ja von allen Anthropologen, Soziologen, Psychologen, Politologen und Friedensorganisationen fieberhaft gesuchte Grundursache von Krieg ist nicht, wie es vordergründig oft dargestellt wird, die Religion. »Imagine there's no heaven, [...] and no religion too«, wie John Lennon singt. Schaffen wir die Religion ab und wir haben paradiesische Zustände des Friedens – Blödsinn! Grundursache von kriegerischen Auseinandersetzungen ist meines Erachtens das Herdendenken. Ob Hutus gegen Tutsi kämpfen, Schiiten gegen Sunniten, Hindus gegen Muslime ...

Und vor diesem Hintergrund kommt jetzt ein Rabbi aus Nazareth, der in seinem Reden und Tun immer wieder solches Herdendenken durchbricht. Der patzig fragt: »Wer ist meine Mutter und wer sind meine Brüder?«, als er darauf hingewiesen wird, dass seine Familie draußen steht und mit ihm reden will. (Matthäus 12,46 ff) Der das tiefste theologische Gespräch mit einer samaritischen Frau hat und damit gleich mehrere Tabus bricht: Als frommer Jude spricht er mit jemandem, der erstens nicht Jude ist, der zweitens eine Frau ist, die drittens auch noch mehrfach geschieden ist. Der sich mit Zöllnern zu Tisch setzt. Der den Fremden, den Samariter, zum Helden seines Gleichnisses macht.

Jesus kennt kein »Mit dir spiel ich nicht!«. Nicht umsonst steckt in dem Wort teuflisch, »diabolisch«, das Griechische »diá«, auseinander. Es ist ein wesentliches Element des Bösen, eine trennende Dynamik zu entwickeln. Trennung ist diabolisch, Überwindung der Trennung göttlich. Deshalb dürfen innerkirchliche Diskussionen auch nicht zur Spaltung führen. Wir können verschiedener Meinung sein – gar kein Problem. Wir können uns den Mund fusselig reden und diskutieren, bis die Köpfe qualmen – gar kein Problem. Aber wir können nicht zulassen, dass die diabolische Macht des Spaltenden uns auseinanderbringt.

Im sogenannten Gnadenstreit hat Papst Paul V. deshalb unglaublich weise geurteilt. Bei diesem theologischen Streit ging es im Wesentlichen um die Frage, wie es im Hinblick auf die Erlösung um das Verhältnis von göttlicher Gnade und menschlicher Freiheit bestellt ist. Im 16. Jahrhundert haben sich vor allem die Jesuiten und die Dominikaner deshalb fast die Köpfe eingeschlagen. Nachdem eine von Klemens VIII. eingesetzte Theologenkommission jahrelang zu keinem Ergebnis kam, entschied Paul V. 1607 kurzerhand: Ich entscheide in der Sache gar nichts, außer: Keiner von euch hat das Recht, dem anderen wegen seiner Lehre das Heil abzusprechen! Ihr dürft leidenschaftlich Eure Meinung vertreten, aber ihr dürft denen, die anderer Meinung sind, nicht sagen: Ihr seid nicht mehr katholisch. In dieser Position findet das Versöhnende Ausdruck.

Beides, das Auseinanderbringen wie das Verbinden, erfordert eine dynamische Kraft. Und in der dynamischen Kraft des Guten, des Versöhnenden, Verbindenden begegnet uns die dritte Dimension Gottes: der Geist, der »Gott in uns«.

Allein die Tatsache einer Berührung etwa sagt noch nichts über ihre Qualität aus. Am deutlichsten wird das, als Judas im Garten Gethsemane Jesus durch einen Kuss verrät. »Der, den ich küssen werde, der ist es; den nehmt fest!«, hatte Judas mit den Soldaten verabredet. (Matthäus 26,48) Der Sache nach, wie schon an anderer Stelle gesagt, Blödsinn, denn wenn einer bekannt war, dann dieser Rabbi Jesus. Den brauchte man den Soldaten nun wirklich nicht zu zeigen. Es liegt also nahe, dass diese Szene keine historisch-dokumentarische ist, sondern aufgrund ihrer Metaebene Eingang ins Evangelium gefunden hat: Selbst ein Kuss kann ein Kuss des Bösen sein. Das Symbol der Liebe und der Verbundenheit wird hier zum Symbol der Trennung und der Sünde.

Kleiner Witz am Rande: Wie endete eigentlich das letzte Abendmahl? Klar, da stehen alle auf und gehen in den Ölgarten und die Dramatik spitzt sich zu … Aber hallo?! Die mussten doch noch bezahlen! Am Ende kommt also der Kellner und fragt: »Geht das zusammen?« Schreit Judas: »Nee, nee, nee – getrennt!«

Ein Witz, der mitten hineinführt in die theologischen Überlegungen zur Sünde. In meinen Gesprächen mit dem hochgeschätzten und verehrten Kollegen Eckart von Hirschhausen verriet dieser mir einmal, dass es ein christliches Thema gibt, mit dem er überhaupt rein gar nichts anfangen kann: die

Erbsünde! »Wie soll denn bitteschön ein Neugeborenes qua Erbschaft schon schuldig sein?«, fragte er mich. »Das ist doch Unsinn!« Recht hat er. Das hängt aber damit zusammen, dass wir mit dem Begriff »Sünde« automatisch den Begriff »Schuld« verbinden. Das ist Sünde natürlich auch, aber die Erbsünde darf niemals Erbschuld genannt werden.

Im ursprünglichen Sinn bedeutet das Wort Sünde nämlich nichts anderes als Trennung. Das Wort »sündigen« hat seinen Ursprung im »absondern«. Sünde ist ihrem innersten Wesen nach also nicht das Übertreten von Geboten, sondern eine Trennung von Gott. Und getrennt von Gott sind zweifellos alle Menschen schon qua Geburt. Als vertriebene Kinder des Paradieses sind wir vom göttlichen Garten getrennt, haben aber die Sehnsucht danach immer in unserem Herzen. In diesem Sinn wird auch in der Taufe keine Schuld symbolisch abgewaschen, sondern die Trennung von Gott wird aufgehoben durch die Zusage, dass das folgende Leben dieses kleinen Kindes – wie lange es auch dauern möge – nichts anderes ist als der Weg nach Hause ins Paradies.

In diesem Verständnis von Sünde als Trennung erklärt sich übrigens auch das »Hochfest der ohne Erbsünde empfangenen Jungfrau und Gottesmutter Maria«, kurz: Mariä Empfängnis. Dabei geht es nämlich nicht um die Frage, wie Maria Jesus empfangen hat, sondern darum, dass sie selbst ohne Erbsünde zur Welt gekommen ist. Und warum? Weil sie die Gottesmutter ist und niemand stärker miteinander verbunden und damit weniger voneinander getrennt sein kann als Mutter und Kind. Hoch theologisch also der Hintergrund des pikanten Witzes über Jesus und die Ehebrecherin:

Früh am Morgen bringen die Schriftgelehrten und Phari-
säer eine Frau zu Jesus, die sie auf frischer Tat beim Ehebruch
erwischt haben. »Sollen wir sie nun steinigen, wie das Gesetz
des Mose es vorsieht?«, wollen sie von Jesus wissen. Der kri-
ckelt erstmal was auf der Erde rum und antwortet dann: »Wer
von euch ohne Sünde ist, werfe den ersten Stein.« Es dauert
nicht lange und ... wusch, fliegt der erste Stein. Erbost sieht
Jesus auf: »Mutter! Ich habe dir schon tausend Mal gesagt, du
sollst dich da raushalten!«

Wie war ich doch gleich auf die Sünde gekommen? Ach ja,
über den Kuss des Judas als Beispiel dafür, dass es auf den Geist
ankommt, in dem wir etwas tun. Wir können es also nicht
bei der Feststellung belassen, dass Gott in Jesus begreifbar und
zum »Gott neben uns« geworden ist, sondern müssen auch danach fragen, welcher Art, welcher Qualität diese personalisierte
Berührbarkeit ist. Was ist das innerste Wesen dieses Jesus? Und
das ist nicht der Kuss des Verrats, nicht der Kuss des Bösen,
sondern der Kuss der Liebe. Deshalb lässt der Evangelist Jesus nach dem Judaskuss mit, ich möchte fast sagen, gespieltem
Entsetzen fragen: »Freund, dazu bist du gekommen?« (Matthäus 26,50) Weil dieser Kuss des Bösen dem innersten Wesen dieses Mensch gewordenen Gottes in allem widerspricht.
Auch, wenn es tausendmal gesagt und bis zur Unkenntlichkeit
verkitscht worden ist, bleibt es dennoch wahr: Seinem innersten Wesen nach ist Gott die Liebe!

Im »Gott über uns« ist das für uns unbegreiflich und nicht
erkennbar. Dieser jedes menschliche Ermessen übersteigende,
fremde Gott, der eine Welt geschaffen hat, die schreit und
stöhnt in unendlichem Leiden, in der Kinder verhungern und

verdursten und zu Tode gequält werden … Wie sollen wir das bitteschön mit Liebe in Verbindung bringen? Es gibt nur eine Möglichkeit: Das Unbegreifliche wird begreiflich in einem Menschen, einem »Gott neben uns«, und zwar in einem Menschen, der die Liebe in Person ist. Es kommt also zusätzlich darauf an, »wes Geistes Kind« diese Person ist. Und jeder, der diesem Menschen begegnet, spürt, dass sein Wesen, seine Art, sein Geist die Liebe ist. Eine Liebe, die stärker ist als der Kuss des Judas. Stärker als die Zweifel des Thomas. Stärker als jede Trennung. Stärker letztlich sogar als der Tod.

2.5 Kann man das Meer in ein Loch am Strand schaufeln?, oder: Gäbe es das Dogma der Dreifaltigkeit nicht, man müsste es erfinden

Das sind die drei Wesensarten dieses einen Gottes, die so intensiv sind, dass sie – und damit sind wir beim Dogma der Dreifaltigkeit – am besten beschrieben werden als drei Personen in einer. Letztlich ist es immer dieselbe Göttlichkeit! Eckhard von Hirschhausen hat einmal gesagt: »Natürlich kann ich über Wasser laufen. Das ist nichts Besonderes, was Jesus da gemacht hat. Es kommt nur auf den Aggregatzustand des Wassers an.« Recht hat er: Natürlich kann er über Wasser laufen, wenn es gefroren ist. Aber: Es ist dasselbe Wasser. Es ist dasselbe Wasser, das flüssig ist, dasselbe Wasser, das gefroren ist, und dasselbe Wasser, das im Dampf »vergeistigt« ist. Dieses Hilfsbild vom Wasser in drei Aggregatzuständen könnte man nehmen, um sich dem Geheimnis zu nähern von der immerselben Göttlichkeit in drei Personen.

Im Kern bleibt es natürlich trotzdem unerklärlich. Eins ist eins und nicht drei. Punkt. Da muss man kein Mathematiker sein, um das zu kapieren. Apropos Mathematiker, kennen Sie schon den? Zwei Männer haben sich auf einem Ballonflug im Nebel verirrt. Vorsichtig steuern sie den Heißluftballon tiefer, um sich zu orientieren. Sie überfliegen ein Waldstück, ein Flüsschen, ein paar Wiesen. Da erkennen sie schemenhaft einen Mann, der dort spazieren geht. »Entschuldigung!«, rufen sie, so laut sie können. »Können Sie uns sagen, wo wir sind?« Der Angesprochene überlegt lange. Fast sind die zwei schon außer Hörweite, da ruft er schließlich: »Sie sind im Korb eines Ballons!« Die beiden sehen sich verblüfft an. »Das war ein Mathematiker«, stellt der eine fest. »Woher willst du das wissen?« »Ganz einfach: Erstens hat er lange nachgedacht, zweitens ist seine Antwort hundertprozentig richtig, und drittens ist sie für uns vollkommen nutzlos!« Eins ist eins und nicht drei. Punkt. Oder?

Einst ging der heilige Aurelius Augustinus am Strand spazieren. Schon seit Tagen versuchte er, das Geheimnis der Dreifaltigkeit Gottes zu begreifen. So geht er nun und denkt und geht und denkt und geht und denkt und … kommt plötzlich an einem kleinen Jungen vorbei, der ein Loch in den Sand gegraben hat und mit einer Jakobsmuschel Wasser aus dem Meer in dieses Loch schöpft. »Was machst du denn da?«, fragt Augustinus. »Ich schaufele das Meer in dieses Loch«, erklärt der kleine Junge ganz ernst. »Aber ich bitte dich«, entgegnet Augustinus. »Das unendliche Meer kann doch niemals in dieses Loch passen.« Da sieht der kleine Junge ihn lange an und sagt: »Aber ich bitte dich! Das Geheimnis der göttlichen Dreifaltigkeit kann doch niemals in deinen kleinen Kopf passen.«

Dass es gerade eine Jakobsmuschel ist, mit der dieser Junge am Strand das Meer ausschöpfen will, ist übrigens kein Zufall. Spätestens seit dem Evangelium nach Hape Kerkeling »Ich bin dann mal weg« ist sie ja den meisten als Erkennungszeichen der Jakobspilger bekannt, deren Ziel das Grab des Apostels Jakobus in Santiago de Compostela ist. Früher galt diese Muschel sozusagen als Echtheitszertifikat der Pilgerreise, die in den meisten Fällen ja nicht in Santiago endete, sondern am Kap Finisterre, von wo aus man das vermeintliche »finis terrae«, das Ende der Welt, sehen konnte. Dort am Atlantik gab es die Jakobsmuscheln, und nur wer bei seiner Rückkehr eine solche vorweisen konnte, war auch wirklich am Apostelgrab gewesen.

Auf einer Metaebene ist genau das der Punkt: Deine Sehnsucht treibt dich an, deinen Weg bis zum Ende zu gehen, bis zum »finis terrae« deines Lebens, bis zum Meer des Todes. Nur wer dort angekommen ist, bekommt das Werkzeug an die Hand, das es einem erlaubt, das unendliche Meer in ein kleines Loch zu schaufeln. Erst mit dem Tod werden wir Gott vollends begreifen. Zu dieser Erkenntnis ist schließlich auch Augustinus gekommen: Wenn du ihn begreifst, ist es nicht Gott. »Deus semper maior – Gott ist immer größer.«

Die Atheisten und die Gläubigen streiten sich: War Albert Einstein gläubig oder nicht? Ist ja nicht verkehrt, den auf seiner Seite zu haben – war schließlich nicht der Dümmsten einer. Die Atheisten sind sicher: Einstein glaubte nicht an Gott. Mehrfach hat er schließlich gesagt, dass er mit seiner Religion, dem Judentum, absolut nichts mehr zu tun habe. Die Gläubigen widersprechen: Sehr wohl hat Einstein an Gott geglaubt. Er hat schließlich über ihn gesagt: Gott würfelt nicht.

Er glaubt also. Er glaubt nicht. Er glaubt wohl. So geht es hin und her fast bis zum »Selber doof, ätsch«.

Zum Glück gibt es Aussagen von Albert Einstein, in denen er sich explizit zur »Gretchenfrage« äußert. Seine Selbstbezeichnung als »tief religiöser Ungläubiger« mag immer noch einen gewissen Interpretationsspielraum lassen, aber spätestens in seinen Ausführungen zur »kosmischen Religion« wird deutlich, was und wie Einstein glaubt. Der Mensch fühlt danach »die Erhabenheit und wunderbare Ordnung, welche sich in der Natur sowie in der Welt des Gedankens offenbart«. Religiöse Genies aller Zeiten seien durch diese kosmische Religiosität ausgezeichnet, die keine Dogmen und keinen Gott kenne, der nach dem Bild der Menschen gedacht wäre, so Einstein. Gerade unter den Häretikern aller Zeiten seien Menschen, die von dieser höchsten Religiosität erfüllt waren und ihren Zeitgenossen »oft als Atheisten erschienen, manchmal auch als Heilige«. »Von diesem Gesichtspunkt aus betrachtet, stehen Männer wie Demokrit, Franziskus von Assisi und Spinoza einander nahe«, schreibt Einstein.

Und als Rabbi Goldstein ihm ein Telegramm schickte mit der Anfrage: »Glauben Sie an Gott? stop. Bezahlte Antwort 50 Worte«, telegrafierte Einstein zurück: »Ich glaube an Spinozas Gott [sic] der sich in gesetzlicher Harmonie des Seienden offenbart, nicht an Gott [sic] der sich mit Schicksalen und Handlungen der Menschen abgibt.«

Dem niederländischen Philosophen Baruch de Spinoza zufolge durchlaufen Religionen drei Phasen. Die erste Phase ist die der archaischen Religiosität, die Angst und Furcht vor dem Ominösen mit sich bringt, das sich allenfalls durch Opfer besänftigen lässt. Und je kostbarer das Opfer, umso eher besteht die Chance, dass sich die schrecklichen, allmächtigen Götter unserer vielleicht erbarmen. Abgelöst wird diese Phase durch eine Personalisierung des Göttlichen. Gott wird zum »Du«, zum Gegenüber, mit dem man sprechen kann. Er wird zum Vater – bis hin zur vertrauensvollen Anrede »Abba«, »Papa« – oder sogar zum Bruder.

Aber auch diese Phase wird Spinoza zufolge irgendwann abgelöst und zwar dadurch, dass aus dem Glauben an den personalisierten Gott der Glaube an eine Art Energie wird, die das ganze Universum durchweht. Ein »Möge die Macht mit dir sein«-Glaube sozusagen – nicht nur für Star-Wars-Fans. Das ist Phase drei. Und Einstein hat nun, gerade durch seine Erkenntnisse über die unglaublichen Dimensionen des Universums, an eine solche göttliche Macht, ein solches Prinzip, eine solche Energie geglaubt. Es war für ihn undenkbar, dass hinter all dem, was er erforschte, nicht etwas Göttliches steht.

Das ist übrigens gar nicht so weit entfernt vom Denken vieler Menschen heutzutage. »Ja, ich glaube schon, dass da etwas ist, dass es etwas Höheres gibt«, sagen sie. »Aber eben nicht so ein Alter-Mann-mit-langem-Bart-Gott, wie ihn die Kirche verkündet, sondern mehr eine Art göttlicher Energie.« Dass diese »Energie« im Grunde nichts anderes ist als das, was wir Christen den Heiligen Geist nennen, wissen viele gar nicht.

Aber: Eine »Energie« kann man nicht lieben. Ich kann ihr nicht begegnen. Ich kann nicht mit ihr sprechen. Deswegen ist es aus meiner Sicht falsch, sie von dem, was bei Spinoza die Phasen eins und zwei sind, abzukoppeln. Gäbe es nur den Geist, wäre das meinem Empfinden nach trostlos. Eben weil wir Menschen manchmal etwas brauchen »mit Haut drumherum«. Und deshalb gibt es in meinen Augen keine genialere, auf alle Sehnsüchte des Menschen antwortende Gottesvorstellung als die des dreieinen Gott, der in Vater, Sohn und Heiligem Geist das furchteinflößend Unbegreifliche, das begreifliche, berührbare »Du« und die alles durchwirkende Geistesmacht miteinander verbindet. Das sind keine Phasen, die sich ablösen, das sind keine Widersprüche, die sich bekämpfen, sondern das sind die drei »Wesenszüge« des einen Gottes. In diesem Sinne hat Nikolaus von Kues, besser bekannt als Nicolaus Cusanus, völlig recht, wenn er sagt: Gott ist der Zusammenfall aller Gegensätze. Und ich möchte ergänzen: Das ist alles andere als bekloppt.

Dieser Cusanus, geboren 1401, war ein Theologe, Philosoph, Mathematiker, kurz: Universalgelehrter aus dem Rheinland – gut, ich sag' immer: verschärftes Rheinland, nämlich von der Mosel, aus Kues. Der Mann muss einen Intelligenzquotienten jenseits von Gut und Böse gehabt haben, heute würde man ihn bestimmt als Hochbegabten bezeichnen. Zum Beispiel hat er kosmologische Überlegungen über die Unendlichkeit des Weltalls angestellt und gilt als Entdecker der Zentralperspektive in der Malerei. Von Cusanus stammt eine der ersten Landkarten Mitteleuropas, und er galt als hervorragender Rechtshistoriker. Außerdem hat der Mann sich mit Pädagogik befasst. Der Maler und Bildhauer Ernst Alt erzählte mir mal von einem Essay, in dem Cusanus sich gegen die Prügelstrafe ausgesprochen hat. Im 15. Jahrhundert! Er habe den Erzieher mit einem Gärtner verglichen, der seine Gewächse natürlich auch ab und zu stutzen und binden muss, dessen Ziel es aber sein muss, sie zum Wachsen zu bringen. Cusanus ging es nicht darum, Wildwuchs zuzulassen, aber ihm war klar, dass man die Entfaltung einer Pflanze – wie die eines Menschen – nicht erzwingen kann.

Dieser Nikolaus von Kues nun hat festgestellt: Wenn ich mich dem Göttlichen nähern will, dann darf ich die Dinge nicht trennen – wir sahen das schon bei Jesus: Trennung ist diabolisch, Überwindung der Trennung göttlich –, sondern wenn ich mich dem Göttlichen nähern will, muss ich die Dinge zusammenführen. Selbst die, die mir nicht vereinbar erscheinen. Unser christlicher Glaube ist voll davon! »Geboren von der Jungfrau Maria« – ja was denn jetzt, Mutter oder Jungfrau? Beides! Ja wie, beides? »Wahrer Gott und wahrer Mensch« – ja was denn nun, Gott oder Mensch? Beides! Ja wie, beides? »Gott ist dreifaltig einer« – ja was denn nun, drei oder eins? Beides! Ja wie, beides? Noch einmal sei es gesagt: Gott ist der Zusammenfall aller Gegensätze!

Dies zu verinnerlichen, hilft einem auch weiter, wenn es um das schwierige Thema »Hölle« geht. Nach menschlichem Ermessen sind Liebe, Barmherzigkeit und Gerechtigkeit nicht widerspruchsfrei unter einen Hut zu kriegen. Wenn Gott gerecht ist, wie kann ein Mensch, der Grausamstes im Leben getan hat, genauso in den Himmel kommen wie derjenige, der unter dieser Grausamkeit gelitten hat? Wenn Gott aber die Liebe ist, wie kann er dann einen Menschen auf ewig zu Höllenqualen verdammen? Einmal mehr: Mit menschlichen Maßstäben ist Gott nicht zu fassen.

Ein schönes Hilfsbild, die vermeintliche Paradoxie des Göttlichen zu verstehen, ist das des Christus als König. Ich weiß noch, dass das in der Fernsehsendung »Wer wird Millionär?« einmal die 32.000-Euro-Frage war: »Was bedeutet Christus? A: der Gekrönte, B: der Gesandte, C: der Gekreuzigte oder D: der Gesalbte«. Der Kandidat wusste es nicht. Moderator Günther Jauch ließ ihn etwas zappeln und sagte dann: »Ich empfehle Ihnen, das Publikum zu fragen. Wir sind hier in Köln, da ist noch ein Bodensatz religiöser Bildung vorhanden.« Und tatsächlich: Die Mehrheit der Zuschauer wählte richtig Antwort D: Christus heißt »der Gesalbte«. Und gesalbt wurden zur Zeit Jesu nur die höchststehenden Personen: Propheten und Könige.

Nach dem Vorbild der biblischen Könige galt die Salbung seit dem Mittelalter auch in vielen europäischen Ländern als entscheidender Akt der Königserhebung. Bis heute ist sie Teil der Krönungszeremonie britischer Monarchen in der Westminster Abbey. Die englische Krönungsliturgie sieht vor, dass die Salbung nach der Thronsetzung erfolgt – noch vor der Überreichung der Insignien und dem Aufsetzen der Krone. Für die Dauer der Salbung halten vier Ritter einen Baldachin über den neuen Herrscher. Dieser Teil der Krönung galt sowohl 1953, bei der Krönung Elisabeths II., als auch zuletzt noch am 6. Mai 2023, bei der Krönung von König Charles III., als so heilig, dass er nicht im Fernsehen übertragen wurde.

Christus also ist der Gesalbte, ist ein König. Aber was für einer?! Ein König, der eine Krone aus Dornen trägt. Ein König, dessen Zepter der Stock ist, mit dem er selbst geschlagen wird. Ein König, der auf einem Esel reitet statt auf einem prachtvollen Pferd. Das ist, als würde Erdoğan mit dem Fahrrad zum Palast fahren oder der Papst mit dem Bus. Ach Moment …, das tut Franziskus ja.

Die Kirche feiert das Fest Christkönig Ende November, ehe mit dem Advent ein neues Kirchenjahr beginnt. Ende November – in einem Monat also voller Totengedenktage. Zu einer Zeit, in der viele Menschen unter der früh einbrechenden Dunkelheit leiden, in der die kalte Feuchtigkeit der Luft auch in unsere Herzen zu kriechen droht, weil der Anblick der sterbenden Natur uns aufs Gemüt drückt und das eigene Sterben spüren lässt, das uns allen einmal bevorsteht. Wie besang die unvergessene Alexandra (1942–1969) in ihrem Lied »Was ist das Ziel« (Sehnsucht / Was ist das Ziel (1968)) poetisch die Novemberstimmung: Regenwasser dringt durch die Kleider auf die Haut, rundum Kälte und Grau, Pfützen und welkes Laub.

Ausgerechnet in dieser trüben Zeit nun feiern wir das Hochfest Christus, König der Welt. Wenn wir an Christus denken als den König, der wiederkommen wird zu richten die Lebenden und die Toten, passt das Fest schon in den Totenmonat November. Aber auch, wenn die Lesungen des Tages vom Jüngsten Gericht künden: Die meisten Menschen denken, wenn sie »Christkönig« hören, nicht an einen richtenden König, sondern an einen prachtvollen Herrscher.

Betrachten wir einmal, wie es aussah, wenn im Mittelalter Könige ihr Schloss oder ihre Burg verließen. Die gingen nicht einfach vor die Tür! Das wäre undenkbar gewesen. Nein, wenn der König raus wollte, dann kam Bewegung in den halben Hofstaat. Ganz vorn ging der Schildträger. An einer langen Stange trug er das Wappen des Königs, zeigte also im wahrsten Sinn des Wortes, was dieser im Schilde führte. Dahinter Weihrauchschwenker, denn die Straßen im Mittelalter stanken bestialisch, und das war der Nase des Königs nun wirklich nicht zuzumuten. Hinter dem Weihrauch kamen die Knappen. Hinter den Knappen die Ritter. Hinter den Rittern die Höflinge und Edelleute. Dahinter ein Edelmann, der auf einem samtenen Kissen die Königsinsignien trug: Weltkugel und Zepter. Und dann endlich, zum Schluss, in prächtigen Gewändern, seine Majestät, der König.

Kommt das jemandem bekannt vor? Richtig: Es ist nichts anderes als ein feierlicher liturgischer Einzug zum Hochamt in einer katholischen Kirche. Vorn der Schildträger, das Vortragekreuz. Dahinter Weihrauch. Dann die kleinen Messdiener. Dann die großen Messdiener. Dann ein Diakon, in den Händen das Insignium dieses Königs, das Evangelium. Und zum Schluss, endlich, in prächtigen Gewändern der Priester – vielleicht sogar in der Gestalt eines Bischofs oder Kardinals.

Jetzt muss man aber sofort dazusagen: Der Priester – und wäre es der Papst selbst – ist natürlich kein König. Aber nach der katholischen Theologie, dass ein Priester in persona Christi die Messe liest, ist er es in gewisser Weise dann doch. Wenn Christus ein König ist, dann ist auch der Priester in persona Christi ein König. Aber was für einer?! Es ist der wohl seltsamste König der ganzen Weltgeschichte! Der einzige König, dessen Thron ein Kreuz ist, woran er in Todesqualen festgenagelt ist. Das ist sein Schild! Das ist das Wappen, was vor diesem König hergetragen wird! Kein goldenes Vlies, sondern eine schändliche Folterszene. Das machen wir uns oft gar nicht mehr bewusst. Das ist das Wappen dieses Königs. Seltsamer König!

Und auch sein damaliger »Hofstaat« … Man muss sich das vor Augen führen: Diejenigen, die mit ihm gekreuzigt wurden, waren der Abschaum der Gesellschaft. Das waren ja wirklich Verbrecher. Das war die Gesellschaft des INRI, Jesus von Nazareth, König der Juden. Das war sein Hofstaat, das waren seine Edelleute. Und damit wird so deutlich wie nichts anderes: Dieser König ist an der Seite der Abgehängten. Der Aufgehängte ist in Solidarität mit dem abgehängten Prekariat: den Armen, den Gescheiterten, den Verbrechern, den Sündern. Das ist wirklich der seltsamste König, den die Welt je gesehen hat!

Ausgerechnet in diesem Szenario von Folter und Tod dieses merkwürdigen Königs auf seinem Kreuzesthron fällt der tröstendste Satz des gesamten Neuen Testaments. »Jesus, denk an mich, wenn du in dein Reich kommst«, bittet einer der beiden Verbrecher. Genau genommen sagt er: »Jeshu, denk an mich«. Wie der Journalist Paul Badde schreibt: »Es ist das einzige Mal in der Bibel, dass der Messias der Christen, ›der Heilige Israels‹, nur mit seinem Namen bezeichnet wird. Überall sonst taucht er mit einem Zusatz auf (Meister, Herr oder König), hier nur mit seinem Namen. Der Name ›Jeshu‹ aber ruft damals in Israel vor allem den Heerführer Jeshua in Erinnerung, der das Volk über den Jordan in das Land geführt hat, das Gott schon Abraham versprochen hatte. Der ›gute Schächer‹ ruft Jesus hier also als Jeshua an: als letzten Führer in das gelobte Land.« Und was antwortet der so Angesprochene? »Amen, ich sage dir: Heute noch wirst du mit mir im Paradies sein.« (Lukas 23,43) Was für eine Zärtlichkeit! Was für eine Wärme! Was für ein Trost mitten in der Abgründigkeit des Foltertodes! »Seitdem ist die Frage nach dem Jenseits für Christen keine Frage mehr«, schreibt Badde. »Der Tod ist hier der Jordan, dahinter das Gelobte Land. Heute Abend sind wir da!« Dieser eine Satz lässt wie ein Lichtblitz blicken auf das wahre Königtum dieses Königs: die Überwindung des Todes! Das Wesen dieses Königs ist nicht die Liebe zur Macht, sondern die Macht der Liebe.

Könnte ich Audiodateien einfügen in dieses Buch, so würde jetzt feierlich der Choral erklingen: »Ich bete an die Macht der Liebe«. Wer ihn nicht im Ohr hat, möge ihn sich im Internet heraussuchen und anhören – und sich nicht wundern, wenn er dabei auf den Großen Zapfenstreich stößt. Seit »Ich bete an die Macht der Liebe« am 12. Mai 1838 in Berlin erstmals als Gebet im Anschluss an das militärische Abendritual des Zapfenstreichs erklungen war, gehört das Stück nämlich zum nicht mehr austauschbaren Bestandteil dieser ach so preußischen Zeremonie. Es ist schon bemerkenswert, wenn sich an dieses völlig militaristische und damit eigentlich absolut un-jesuanische Prozedere nach Flötentriller, Trommelwirbel und dem gebellten Ruf »Helm ab zum Gebet!« dieser Choral anschließt, der wie kaum ein zweiter das Wesen des christlichen Glaubens trifft: Ich bete an ... nicht die Macht der Kanonen. Nicht die Macht der Gewehre. Nicht die Macht der Befehle. Ich bete an die Macht der Liebe!

Zu einer meiner intensivsten Kindheitserinnerungen gehört der Besuch einer Vorstellung der Humperdinck'schen Kinderoper »Hänsel und Gretel«, die an der Schule meiner Schwester aufgeführt wurde. Die Schülerinnen des Sankt-Angela-Gymnasiums Wipperfürth – darunter meine Schwester Peggy – hatten dieses Stück mit viel Aufwand und Mühe einstudiert. Der höheren Glaubwürdigkeit halber hatten sie sogar eigens beim

benachbarten Jungengymnasium einen Schüler ausgeliehen
für die Rolle des Vaters von Hänsel und Gretel. Dass allein die
Vorstellung, diesem als Gretel in der Schlussszene um den »väterlichen Hals« fallen zu sollen, bei meiner Schwester ein vom
Grunde ihres Herzens kommendes »Iiiiihhhhh« hervorrief, soll
hier wohl erwähnt werden, aber nicht Thema sein.

Es kam der Tag der Aufführung. »Heute Abend darfst du
mitgehen in die Oper«, eröffnete mir mein Vater. Meine Reaktion war alles andere als überschwänglich. »Oper? Och nö,
wie langweilig!« – Ich wusste ja nicht, dass es sich um eine
Kinderoper handelte. Doch in dem Moment, in dem wir die
Aula des Gymnasiums betraten und uns im Stimmengewirr
der Eltern und Großeltern, Onkel, Tanten und Geschwister
der Schülerinnen Aufregung und Vorfreude entgegenschlugen,
war ich wie gebannt. Das Licht ging aus, der Vorhang öffnete
sich, und mit dem ersten Ton, der erklang, war der kleine Willibert völlig ergriffen von der Inszenierung. Hänsel und Gretel, die Geschichte kannte er. Aber was er nicht kannte, war
das Faszinosum des Theaters. Das breitete in diesem Moment
seine Arme aus, nahm mich gefangen und ich war – ein für alle
Mal – verloren an die Welt der Bühne.

Als sich im Verlauf des Stückes Hänsel und Gretel immer
tiefer im Wald verirrten, kroch auch mir die Angst den Rücken hinunter. Diffuses Nachtlicht schluckte die Konturen,
unheimliche Laute drangen aus dem Wald, zu dem die Aula in
meiner Vorstellung längst geworden war, und zusammen mit
den Protagonisten war ich verloren. Ich hatte meinen Papa vergessen, ich hatte Peggy vergessen, ich hatte alles vergessen. Als
kleiner Junge, der mit einer intensiven Fantasie gleichermaßen

beschenkt wie bestraft war, kannte ich das Gefühl panischer Angst, das die Kinder auf der Bühne zu erfassen drohte. Und ich litt mit ihnen!

»Ich fürcht' mich, ich fürcht' mich, o wär' ich zu Haus! Wie sieht der Wald so gespenstig aus!« In ihrer Angst knien Hänsel und Gretel nieder und falten die Hände. Sie fangen an zu beten, und auf einmal legt sich die göttlich schöne Musik von Humperdinck wie ein schützender Mantel um die Kinder auf der Bühne und den kleinen Jungen Willibert im Publikum:

Abends, will ich schlafen gehn, vierzehn Engel um mich stehn:
Zwei zu meinen Häupten, zwei zu meinen Füßen,
zwei zu meiner Rechten, zwei zu meiner Linken,
zweie, die mich decken, zweie, die mich wecken,
zweie, die mich weisen, zu Himmels-Paradeisen.

Ohne dass irgendjemand mir das theoretisch hätte erklären können, habe ich damals erfahren, was die heilendste Seite gesunder Religiosität ist, nämlich Trost zu schenken und von Angst zu befreien. Wer das jetzt nicht nachvollziehen kann, der unterbreche an dieser Stelle bitte die Lektüre des Buches, suche nach der Vertonung des Abendsegens und gebe sich der Musik hin.

Kein größerer Gegensatz ist für mich denkbar zum leeren Himmel, den Jean Paul in der »Rede des toten Christus vom Weltgebäude herab, dass kein Gott sei« so eindringlich beschreibt: »Ich ging durch die Welten, ich stieg in die Sonnen und flog mit den Milchstraßen durch die Wüsten des Himmels; aber es ist kein Gott. Ich stieg herab, soweit das Sein seine Schatten wirft, und schaute in den Abgrund und rief: ›Vater, wo bist du?‹, aber ich hörte nur den ewigen Sturm, den niemand regiert, und der schimmernde Regenbogen aus Westen stand ohne eine Sonne, die ihn schuf, über dem Abgrunde und tropfte hinunter. Und als ich aufblickte zur unermeßlichen Welt nach dem göttlichen Auge, starrte sie mich mit einer leeren bodenlosen Augenhöhle an; und die Ewigkeit lag auf dem Chaos und zernagte es und wiederkäuete sich. – Schreiet fort, Misstöne, zerschreiet die Schatten; denn Er ist nicht!«

Wann immer mir später Philosophen unterkamen, die so oder anders die Trostlosigkeit beim Verlust des Glaubens beklagten, hörte ich in meinem Kopf jenen Abendsegen von Humperdinck in der Aula des Sankt-Angela-Gymnasiums in Wipperfürth.

Im Laufe meines Lebens sind mir immer wieder mal solche Bilder untergekommen, die mich mit ihrer tröstenden Kraft berührt haben. Eines davon finde ich so schön, dass es dereinst auf meinem Grabstein stehen soll. Wie alle denkenden Menschen hat auch Goethe die Frage nicht losgelassen, ob wir mit dem Tod ins Nichts gehen oder eine unsterbliche Seele haben. In seinem Drama Torquato Tasso lässt er diesen jungen Dichter als sein Alter Ego über diese Frage sinnieren. Aufgefordert, das Dichten sein zu lassen, weil es ihn sozusagen auffrisst, führt Torquato Tasso ein Bild an, das, wie ich finde, nicht aussagekräftiger sein könnte. Er spricht von einer Seidenraupe, in alter Sprache: einem Seidenwurm, der sich sozusagen sein eigenes Grab schaufelt.

Verbiethe du dem Seidenwurm zu spinnen,
wenn er sich schon dem Tode näher spinnt.
Das köstliche Geweb' entwickelt er
aus seinem Innersten, und läßt nicht ab,
bis er in seinen Sarg sich eingeschlossen.

Das Tun dieses kleinen Tierchens scheint die Zusammenfassung aller sysiphos'schen Absurdität zu sein. Sobald sie kann, fängt die Seidenraupe an, ihren eigenen Tod vorzubereiten. Den Seidenfaden, den sie produziert, legt die Raupe mit gezielten Kopfbewegungen Fadenwindung für Fadenwindung um sich herum und spinnt so ihren eigenen Sarg. Gibt es etwas Absurderes? Denken wir zurück an Thomas Bernhard, ist es gar nicht so absurd, denn für ihn ist das Leben ja nichts anderes als die Einleitung des Todes. Und da der Tod für ihn der Sturz ins Nichts ist, hat angesichts des Todes alles keinen Sinn! Was die Seidenraupe tut, ist demnach nicht mehr oder weniger absurd als der Versuch des Menschen, gut zu leben, ewig zu leben, den Stein auf den Berg zu rollen und oben zu halten.

Doch für die Seidenraupe ist der Tod im Kokon nur eine Station auf ihrem Weg, sich in einen Schmetterling zu verwandeln. Die Auflösung ihres bisherigen Leibes ist der Beginn, dass Leben in neuer Form entstehen kann. Diese andere Form, die die Verwandlung durch den Tod zu neuem Leben mit sich bringt, ist übrigens auch der Grund, warum die Jünger den Auferstandenen zunächst nicht erkannt haben. Maria Magdalena hielt ihn für den Gärtner, die Emmaus-Jünger sind stundenlang neben ihm hergelaufen, ohne ihn zu erkennen ...

Und mit Blick auf die Seidenraupe sagt Torquato Tasso – und damit Goethe – einen Satz, der dereinst auf meinem Grabstein stehen soll:

O geb' ein guter Gott uns auch dereinst
das Schicksal des beneidenswerthen Wurms,
im neuen Sonnenthal die Flügel rasch
und freudig zu entfalten!

3. Vom Lachen und Witze-Machen

3.1 Der dicke Denker und sein Pater Brown, oder: Warum Glauben und Lachen zusammengehören

Eine wunderbare Darstellung dieser befreienden Perspektive hat in meinen Augen der englische Schriftsteller Gilbert Keith Chesterton mit der Figur des Pater Brown geschaffen. Ich will ein wenig ausholen, um das zu erläutern: Chesterton war ein Mann, der Ende des 19., Anfang des 20. Jahrhunderts den Glauben vehement verteidigte, in einer Zeit, da sich vor allem die Intellektuellen von der Religion abwandten. Wohlgemerkt: Chesterton hatte keine religiöse Erziehung genossen, sondern war atheistisch sozialisiert. Mit der Schärfe der Vernunft war er zu dem Schluss gekommen, dass die Perspektive der Religion der plausibelste aller Weltentwürfe ist. Das gipfelte in seinem berühmten Ausspruch: »I think, therefore I believe!« Ich denke, also glaube ich!

Und Chesterton hat viel gedacht. Er war ein regelrechter Überflieger und seine Disputationen mit seinem Schriftsteller-Kollegen George Bernhard Shaw sind legendär. Ihren hohen Unterhaltungswert verdankten sie übrigens nicht nur der Tatsache, dass da auf höchstem intellektuellem Niveau diskutiert wurde, sondern auch der Wortgewandtheit und Schlagfertigkeit der beiden Kontrahenten. So soll Chesterton – sinnenfroher Katholik, der so gerne aß und trank, dass er bald drei Zentner auf die Waage brachte – Shaw, der nahezu asketisch lebte, weder Fleisch aß, noch rauchte, noch trank, einmal auf der Bühne begrüßt haben: Mein Gott, George, du hageres Männlein, du siehst aus, als herrschte in England eine Hungersnot. Worauf George Bernhard Shaw antwortete: Und wenn ich dich betrachte, könnte ich mir vorstellen, dass du die Ursache dieser Hungersnot bist!

Interessant ist, dass Chesterton inhaltlich gesehen wohl die meisten dieser geistigen Florettkämpfe gewonnen hat. Und das, obwohl er mit seiner Position doch nach intellektuellen Maßstäben eher auf verlorenem Posten stand, denn wie soll man argumentativ vorankommen bei der Begründung von etwas niemals zu Beweisendem wie der Existenz Gottes. Aber trotzdem hat Chesterton es eben immer wieder geschafft, George Bernhard Shaw im Disput ein kleines Stückchen voraus zu sein. Dazu passend auch seine Feststellung zur Geschichte der Religionskritik: »Wenigstens fünfmal ist [...] der Glaube allem Anschein nach vor die Hunde gegangen. In jedem dieser fünf Fälle war es aber der Hund, der starb.«

Doch so vernünftig Chesterton argumentieren konnte, so wenig vernünftig konnte er mit Geld umgehen. Klammer auf, was für einen sinnenfrohen Katholiken ja nicht ungewöhnlich ist, Klammer zu. Nicht umsonst behaupten böse Zungen, es sei kein Zufall, dass die katholisch geprägten Länder im Süden Europas deutlich ärmer sind als die von protestantischer Arbeitsethik geprägten Länder im Norden. Aber wie dem auch sei: Von Chestertons Geldnot haben wir letzten Endes profitiert, denn wann immer Ebbe in der Kasse herrschte, merkte seine aufmerksame Sekretärin an: Es ist mal wieder ein Pater Brown fällig! Denn die Geschichten über diesen kriminalistisch begabten Gottesmann waren für Chesterton eine Art »Gelddruckmaschine«.

Natürlich weiß jeder, der die Romane kennt, dass das im Grunde genommen eine als unterhaltsame Kriminalgeschichte getarnte katholische Christenlehre war, die Chesterton da schrieb. Und so wundert es nicht, was der Journalist Hannes Stein einmal in der Zeitung »Die Welt« über eine Neuverfilmung der Pater-Brown-Geschichten für das englische Fernsehen geschrieben hat. Stein, in New York lebender Jude, fand die Umsetzung insgesamt gelungen und schloss seine Kritik mit dem Kommentar zu einer Szene, in der Pater Brown, gespielt von Mark Williams, den Mörder entlarvt hat. Als er ihn als Häuflein Elend vor sich hocken sieht, geht er auf ihn zu und nimmt diesen schweren Sünder in den Arm. Dazu schreibt Stein: »Als Pater Brown ihm endlich auf die Schliche gekommen ist, der Verbrecher als Nichts und Scharlatan und armer Irrer vor uns steht, da breitet Mark Williams weit die schwarze Soutane aus, als handle es sich um Flügel eines Engels, und nimmt ihn fest in seine Arme. Wer in diesem Moment nicht katholisch sein möchte, dem ist auf Erden nicht mehr zu helfen. Es sei denn, er hätte schon eine Religion.«

Für mich persönlich ist eine andere Szene zur Schlüsselszene für mein Leben geworden. Pater Brown – unnachahmlich dargestellt in den 1960er-Jahren von Heinz Rühmann – besucht darin eines seiner »Pfarrkinder«, das unschuldig im Gefängnis sitzt. Der junge Mann, gespielt von Siegfried Lowitz, der später selbst als Kommissar brillierte in der Rolle »Der Alte«, war immer ein Schlitzohr gewesen und hatte seine Karriere als Dieb und Betrüger eigentlich nur auf Pater Browns Betreiben hin an den Nagel gehängt. Jetzt saß er unter Mordverdacht ein und niemand glaubte so recht an seine Unschuld. Als nun Pater Brown ihn besucht, der dem wahren Mörder übrigens schon auf der Spur ist, da hält er diesem unschuldig Gefangenen keine Strafpredigt nach dem Motto »Wer einmal lügt, dem glaubt man nicht«. Er hält überhaupt keine Predigt. Er betet auch nicht mit ihm oder für ihn. Er erzählt einen Witz! Der Zuschauer lacht darüber, aber nicht der Gefangene. Der ist entsetzt und fragt: »Wie können Sie in einer solchen Situation Witze reißen? Ausgerechnet als Priester?« Und Pater Brown antwortet: »Humor ist eine Erscheinungsform der Religion! Nur wer über den Dingen steht, kann sie belächeln.«

In diesem wundervollen Satz zeigt sich, weshalb Glauben und Lachen zusammengehören: Das innerste Wesen gesunder Religiosität ist die Betrachtung der Welt – der großen ganzen wie der eigenen kleinen Welt – aus einer (verfestigten) Perspektive, die darübersteht. Damit ist keine Oberflächlichkeit gemeint, also keine Perspektive über den Dingen ohne Verantwortung. Auch keine Arroganz. Das ist zwar auch eine Perspektive über den Dingen, aber ohne Liebe. Gemeint ist eine verantwortungsvolle Perspektive über den Dingen mit Liebe. Und genau diese Perspektive ist auch Grundlage des Humors. Deswegen hat Martin Luther völlig recht, wenn er sagt: »Wo der Glaube ist, da ist auch Lachen.«

Ich werde nie vergessen, was mein Vater mir erzählt hat über seine Zeit in den Schützengräben des Zweiten Weltkriegs:

»Als wir junge Soldaten waren, Willibert, da haben wir uns, wenn wir unter uns waren, gegenseitig Witze über Hitler erzählt.« Meine Antwort als naives Kind: »Na und?« Mein Vater konnte sich nur an den Kopf packen. »Willibert! Wenn das rausgekommen wäre … Wir wären an die Wand gestellt und erschossen worden.« »Aber Papa«, sagte ich entsetzt, »doch nicht für einen Witz.« Heute weiß ich, dass er recht hat: Alle Diktatoren der Welt verfolgen die Witzemacher – wir werden da später noch drauf zurückkommen. Als kleiner Junge aber habe ich das noch nicht verstanden. Ich war nur erschrocken und wollte wissen: »Wenn das so gefährlich war, woher wusstest du denn, dass euch keiner verraten würde von denen, in deren Kreis ihr Hitlerwitze erzählt habt?« Da antwortete mein Vater ganz ernst: »Willibert, da konnte kein Nazi drunter sein – wir waren alle Kolpingbrüder!«

3.2 Mach aus dem »Highway to hell« einen »Highway to heaven«, oder: Um psychisch gesund zu sein, sollte man über den Dingen stehen können

Nun mag man – ähnlich dem unschuldig Gefangenen, der nicht über Pater Browns Witz lachen kann – fragen: Wie kann man in so einer Situation Witze machen? Im Krieg. Im Dritten Reich. Im Schützengraben ist einem ja wohl kaum zum Lachen zumute gewesen. Stimmt! Und gerade deshalb waren die Witze umso wichtiger, denn lachen können wir nur, wenn wir über den Dingen stehen, und über den Dingen zu stehen ist wichtig, um nicht an ihnen kaputtzugehen. Das gilt erstens, wenn die eigene Psyche es ist, die einem suggeriert, alles sei schrecklich und sinnlos. Und es gilt zweitens, wenn die Umstände tatsächlich schrecklich sind.

Zu Punkt eins: Ich habe das in meinem ersten Buch »Wenn dir das Lachen vergeht. Wie ich meine Depression überwunden habe« schon thematisiert, aber ich kann es nicht oft genug sagen: Neben einer guten Medikamentierung kommt es für die Genesung auch ganz entscheidend darauf an, die eigenen Denkmuster zu ändern. Wie das gelingen kann, lernt man in der Therapie, aber man muss es immer weiter üben und trainieren. Wenn bei einem Menschen die Gedanken jahrelang, vielleicht schon jahrzehntelang in eine gewisse Richtung laufen, nämlich in Vorstellungen von Angst und Enge und Leere, dann hat sich da ein regelrechter Highway zementiert. In der Therapie geht es darum, aus diesem »Highway to hell« einen »Highway to heaven« zu machen. Wie kann das gelingen?

Ein Schlüsselsatz dafür, fast möchte ich sagen ein ganzer Schlüsselbund-Satz, stammt von einem Mann, der in Griechenland lebte zu einer Zeit, als dieses Land noch funktionierte – also vor rund 2.000 Jahren. Dieser Mann war ein freigelassener Sklave, hat selbst kein einziges Werk verfasst – vermutlich konnte er gar nicht schreiben –, wurde aber einer der einflussreichsten Vertreter der späten stoischen Philosophie. Sein Name: Epiktet. Dieser Epiktet nun sagte: »Es sind nicht die Dinge, die uns beunruhigen, sondern die Meinungen, die wir von den Dingen haben.« Mit meinen Worten: Nicht die Dinge sind entscheidend, sondern wie wir die Dinge sehen. Dieser Satz ist für mich zu einem der Kernsätze meines Lebens geworden. Und er ist – laut Aussage meines klugen

Arztes – auch einer der Kernsätze für die moderne Gesprächs-
therapie beziehungsweise die ressourcenorientierte Therapie.
Denn: Die Perspektive, wie ich zu den Dingen und letzten Endes zu meiner eigenen Existenz stehe, ist ganz wesentlich und
entscheidend für das Leben, konkreter: für ein gutes Leben.
Schließlich streben wir alle nach einem gelingenden, einem
glücklichen Leben.

Für ihr Glück machen aber leider ganz viele Menschen die
Umstände verantwortlich. Denken wir an Extremsituationen,
liegt das ja auch nahe. Wenn ich etwa im Bombenhagel bin
oder gefoltert werde, dann hilft mir meine Perspektive herzlich wenig. Dass sie selbst dann ein Rettungsanker sein kann,
will ich später noch zeigen. Aber selbst, wenn es im Extremfall nicht helfen sollte, dann ist das die Ausnahme, die meines
Erachtens die Regel nur bestätigt. Denn in den allermeisten
Situationen haben wir eine Wahl! Lasse ich zu, dass mir etwas Angst macht, oder nicht? Lasse ich zu, dass mich etwas
verletzt, oder nicht? Lasse ich zu, dass mich etwas ärgert, oder
nicht? Inzwischen ein regelrechter Klassiker zu dem Thema ist
ja das Gebet: »Herr, schenke mir Gelassenheit, die Dinge hin-
zunehmen, die ich nicht ändern kann, Mut, die Dinge zu ändern, die ich ändern kann, und Weisheit, den Unterschied zu
erkennen.«

Ich muss da immer an eine der verblüffendsten Lehren des
Buddha Siddhartha denken. Jeder Mensch sagt: »Der Lärm
stört mich.« Aber das ist falsch. Richtig wäre: »Ich störe mich
am Lärm.« Die Dinge sind da – an denen können wir oft
nichts ändern. Aber es liegt an mir, wie ich auf diese Dinge re-
agiere. Und die heilsamste Perspektive ist die, mich innerlich

frei zu machen und über den Dingen zu stehen. Dass Buddha in Sachen Perspektivwechsel kein schlechter Ratgeber ist, zeigt auch seine Lehre: Sage einem Arzt nie, sein oberstes Ziel sei, Kranke zu heilen. Seine innere Enttäuschung wäre damit vorprogrammiert, denn er kann nicht jeden Kranken heilen. Sage einem Arzt, sein oberstes Ziel soll sein, gut zu den Patienten zu sein. Denn dieses Ziel kann er erreichen – und am Ende wird er so mehr Menschen heilen.

Nicht »Der Lärm stört mich«, sondern »Ich störe mich am Lärm« ... Diese Mentalität, diese Einstellung will trainiert werden. Je nach Veranlagung wird sie besser oder schlechter, schneller oder langsamer, häufiger oder seltener gelingen, immer aber kann ich sie als Ziel erkennen und strebend zu erreichen versuchen: mit Fleiß und Ausdauer und Training.

Wie ein »Humortraining« in der klinischen Psychiatrie aussehen kann, das hat der Journalist Ulrich Schnabel sehr schön beschrieben in dem wunderbaren Artikel »Wer lacht, hat keine Angst«, den ich im Ressort »Wissen« in der Zeitung »Die Zeit« vom 27. Juli 2017 gefunden habe. Er schreibt:

»An der Stuttgarter Fliedner Klinik bekommen Angst- und Depressions-Patienten neben Medikamenten und Psychotherapie ein spezielles Humortraining angeboten. Wie das abläuft? Dazu nimmt man am besten selbst teil.

Etwas befangen betrete ich einen hellen Gruppenraum, in dem bereits ein Dutzend Patienten mit Depressionen, Angst- oder Zwangsstörungen sitzt. Gemeinsam sollen wir nun Humor auf Kommando produzieren? Schon bei der Vorstellung könnte einem das Lachen vergehen. Doch zum Grübeln bleibt keine Zeit. Los geht's.

Als Erstes sollen wir uns einen imaginären Ball zuwerfen und jeden Wurf mit einem neuen Geräusch untermalen. ›Fuiii‹, saust der Ball los, ›surrr‹, fliegt er weiter, schwebt mit leisem ›bling‹ zum Nächsten ... kinderleicht. Und mit jedem Wurf verfliegt ein wenig Beklommenheit.

Als Nächstes geht es darum, einen unsichtbaren Gegenstand herumzureichen – und ihn dabei jeweils pantomimisch zu verändern. Die Erste hebt einen Koffer hoch, der beim Zweiten zum schweren Eisengewicht wird, sich beim Nächsten in einen Regenschirm verwandelt, der als Luftballon davonfliegt und als Blume wieder aufgefangen wird ... Erstaunlich, wie viele Ideen in kurzer Zeit entstehen! Und verwundert stelle ich fest: Statt von Patienten bin ich von lauter Mitspielern umgeben.

Nun werden aus den Pantomimen kleine Theaterstücke. Auf dem Spielplan stehen zwei alte Freunde, die sich lange nicht gesehen haben. Paare fallen sich verzückt in die Arme, klopfen einander dröhnend auf die Schultern oder bleiben ergriffen voreinander stehen. Dabei kommt manch verborgenes Talent zum Vorschein. Der anfangs so mürrische Glatzkopf offenbart echtes komödiantisches Potenzial, die scheinbar so reservierte Blondine entpuppt sich als unerwartet expressiv.

Nächste Übung: Wie begegnen sich zwei alte Feinde? Herrlich, wie sich die Gesellschaftsdamen gegenseitig ihre Verachtung zeigen; großartig, wie der Dicke im roten Pullover seinen Partner zur Seite boxt und eine Donald-Trump-Parodie abliefert. Lacher und Szenenapplaus. Die Angst vor der Peinlichkeit ist verflogen, das Spiel verselbstständigt sich. Wer begegnet sich nun? Popstar und Fan. König und Untertan. Direktor und Abteilungsleiter ... Belustigt stellt man fest, wie wenig es braucht, damit Erwachsene wie Kinder herumblödeln.

Geleitet wird das Humortraining von Barbara Wild, der Chefärztin der Fliedner Klinik, einer kleinen, quirligen Person mit wuscheligem Haar und fröhlichen Augen, die erkennbar selbst Spaß an der Sache hat. Mit therapeutischen Interventionen hält sie sich zurück, lenkt nur ab und zu das Interesse. ›Wie sieht eure nonverbale Sprache aus?‹, fragt sie, als zwei Möchtegern-Direktoren um den höheren Status wetteifern. Oder: ›Wie wirkt sich eure Körperhaltung auf eure Stimmung aus?‹ Im Vordergrund steht jedoch die Spielfreude.

›Im Humortraining sollte man nicht zu viel theoretisieren‹, sagt Wild später, als wir in ihrem Büro sitzen. Viel wichtiger sei das Erleben, erklärt die Neurologin und Psychiaterin. ›Im Spiel kann ich mir Dinge erlauben, die ich normalerweise nie wagen würde.‹ Deshalb fände das Humortraining auch in der Gruppe statt. ›Nicht nur, weil Lachen ansteckend ist, sondern weil es Mut und Vertrauen fördert, sich mit anderen auf unsicheres Terrain zu begeben und sich auch mal lächerlich zu machen.‹

Es gehe beim Humortraining aber nicht darum, ›alles wegzulachen‹, betont Wild. In ihrem Haus würde auch viel geweint, manche ihrer Patienten müssten sexuellen Missbrauch oder andere Schicksalsschläge verarbeiten. Mit dem Humortraining will sie ihren Klienten aber ›andere Möglichkeiten der Betrachtung eröffnen‹. Wer zwischendurch einmal Heiteres erlebe, bekomme Distanz und sei besser in der Lage, mit seinen Ängsten konstruktiv umzugehen.«

3.3 Scheiß auf den Terror – Hauptsache, das Bier ist in Sicherheit, oder: Gerade in der Not braucht der Mensch Humor

Was nun den Humor und das Über-den-Dingen-Stehen in Extremsituationen jenseits einer psychischen Erkrankung angeht, so lohnt sich auch dazu, in den zitierten Zeitungsartikel »Wer lacht, hat keine Angst« zu schauen. Nicht umsonst heißt es in dessen Unterzeile »Je schwieriger die Zeiten, umso wertvoller wird heitere Gelassenheit«. Ulrich Schnabel schreibt:

»Heiterkeit nach einem Terroranschlag? Geht gar nicht? Geht doch! Zumindest in Großbritannien, dem Mutterland des Humors. Dass man selbst auf Katastrophen heiter reagieren kann, bewiesen die Briten nach dem Londoner Terroranschlag im Juni. Da richteten islamistische Attentäter in der Innenstadt ein Blutbad an, panisch flohen Menschen in alle Richtungen. Doch inmitten des Chaos gab es diese eine Szene: Zwischen den Flüchtenden ging ein Mann gemäßigten Schrittes, konzentriert sein Bierglas balancierend und bemüht, keinen Tropfen zu verschütten.

Kaum postete jemand dieses Bild bei Twitter, wurde der Mann als Symbol der Unerschütterlichkeit gefeiert. Motto: ›Scheiß auf den Terror, Hauptsache, das Bier ist in Sicherheit.‹ Ein Kommentator scherzte: ›Wir müssen Prioritäten setzen. Wir sind immer noch Briten.‹ Andere erinnerten daran, dass die Terroristen vor allem ›Bilder der Angst‹ schaffen wollten und dass deshalb der gelassene Kneipengänger, ›der nicht daran dachte, sein Bier für diese feigen Verlierer zu verschütten‹, der ›vielleicht größte Held des Jahres‹ sei.

Natürlich befanden auch manche, das sei nicht der Moment für Albernheiten. Sieben Menschen hätten schließlich ihr Leben verloren. Die Antwort kam prompt. ›Keiner ignoriert das vergossene Blut, aber Humor gibt uns die Kraft, für diejenigen zu kämpfen, die verletzt und ermordet wurden. So machen wir das hier!‹, twitterte eine Mutter aus Birmingham stellvertretend für ihre Landsleute.

Damit formuliert sie eine Einsicht, die auch Psychologen zunehmend vertreten: Humor stärkt die seelische Widerstandskraft und ist ein wertvolles Mittel gegen Kalamitäten aller Art. Selbst gegen Terror kann er helfen, zumindest ein wenig: Denn Attentate wie jenes in London zielen ja weniger auf die zufälligen Opfer, sondern vor allem auf die großflächige Verbreitung von Angst und Unsicherheit. Wie ein Gift soll sich das Gefühl ständiger Bedrohung ins Unterbewusstsein der Gesellschaft fressen. Daher gehört zur Terrorabwehr – neben Polizeiarbeit und politischer Reaktion – auch die Frage, wie wir diese Attacke auf unsere Psyche abwehren. Unerschrockene Heiterkeit ist da nicht das schlechteste Mittel.

›Am dringendsten benötigt der Mensch den Humor, wenn es ihm schlecht geht‹, sagt der Psychologe Willibald Ruch, der seit vierzig Jahren die Wirkungen der Heiterkeit erforscht und an der Universität Zürich lehrt. ›Freude ist nun einmal der mächtigste Antagonist der Angst.‹ Deshalb sei Humor eine extrem effektive Technik der Gefühlsverarbeitung. ›Positive Emotionen erweitern das Blickfeld, Angst und Ärger bewirken das Gegenteil. Viele Studien zeigen, dass der Mensch mit schwierigen Situationen besser umgehen kann, wenn er Humor einsetzt‹, erklärt Ruch.

Das haben offenbar auch jene Hamburger verstanden, die dem gewalttätigen G20-Wochenende im Juli mit Humor trotzten – wie etwa der Comedian Andre Kramer. Als hochgerüstete Polizeitruppen und Schwarzer Block die Atmosphäre anheizten, trat Kramer mit einem Pappschild auf die Straße, auf dem stand: ›Ich bin Anwohner und gehe nur kurz zu Edeka. Danke.‹ Um humorvolle Deeskalation bemühten sich auch andere. ›Wir sind süße Ostfriesen. Bitte nicht hauen‹, hatten zwei Demo-Teilnehmer auf ihr Transparent geschrieben, ein anderer fragte hintersinnig: ›Wo geht's denn hier zum Hafengeburtstag?‹ – eine Anspielung auf Olaf Scholz' unbedachten Vergleich des G20-Gipfels mit einem Hafengeburtstag.

Das kann man als Blödelei sehen – oder als kluge psychologische Strategie. Denn gerade in kritischer Lage hilft Humor gegen das Gefühl der Machtlosigkeit, das viele Hamburger angesichts der geballten Aggression empfanden. Wer es da schaffte, seine Wut in Witz zu verwandeln, eröffnete sich einen emotionalen Spielraum für neue Deutungsmöglichkeiten.

›Wenn ich humorvoll etwas betrachte, bin ich in der One-up-Position, betrachte die Situation von außen‹, erklärt der Psychiater Ulrich Sachsse, der lange Zeit Patienten mit Traumafolgestörungen behandelte. Wer gemeinsam mit anderen über eine Situation lachen könne, so Sachsse, sei ›nicht mehr nur Opfer eines unerträglichen Lebensschicksals, sondern gelassen-selbstsicherer Akteur‹.

Tatsächlich belegen Untersuchungen, dass eine heitere Stimmung die seelische Widerstandskraft nach Traumata stärkt. Negative Lebensereignisse wie schwere Krankheiten, Scheidung, Entlassung oder Tod eines Angehörigen werden von heiteren

Menschen besser bewältigt als von humorlosen Charakteren. Heiterkeit macht sogar unempfindlicher gegen körperliche Schmerzen – vor allem, wenn man gemeinsam lacht, wie eine Studie des Oxforder Psychologen Robin Dunbar zeigt.

›Der Humor ist eine Waffe der Seele im Kampf um ihre Selbsterhaltung‹, schrieb schon der Psychiater Viktor Frankl, der drei Jahre in den Konzentrationslagern der Nazis überstand. In seinem Buch ›... trotzdem Ja zum Leben sagen‹ erklärte er später, dass den KZ-Insassen fast alles genommen werden konnte – nur nicht ›die letzte menschliche Freiheit, sich zu den gegebenen Verhältnissen so oder so einzustellen‹. Zu dieser Freiheit gehörte für ihn der ›Lagerhumor‹, der ihm, wenn auch nur für Sekunden oder Minuten, aus dem Elend geholfen habe. Für Viktor Frankl war die Heiterkeit ein ›Essential‹, das ›wie kaum sonst etwas im menschlichen Dasein geeignet ist, (...) sich über die Situation zu stellen‹.«

Dieses letzte Zitat ist für mich das gewichtigste mir bekannte Argument gegen die Kritik, dass die von solch dummen Leuten wie Willibert Pauels und Epiktet vertretene Position »Es kommt nicht auf die Dinge an, sondern darauf, wie du zu den Dingen stehst« in Wirklichkeit nichts anderes sei als ein in Wohlstandsgesellschaften gerne gepflegtes »think positive und alles wird gut«. Mit dieser Lebenshilfe auf amerikanischem Reader's-Digest-Niveau käme man nur genau so weit, bis man mal wirkliche Probleme habe, sagen die Kritiker. Denn im Ernstfall helfe einem eine »Wenn dir das Leben Zitronen gibt, mach Limonade daraus«-Einstellung keinen Deut weiter.

Wenn aber Viktor Frankl, der nun wirklich den Ernstfall erlebt hat, der drei Jahre im Konzentrationslager war, über diese

Hölle auf Erden sagt: Fast alles konnte den Insassen des Lagers genommen werden, aber nicht die letzte menschliche Freiheit, sich zu den gegebenen Verhältnissen so oder so einzustellen, dann bekommt das ein ganz anderes Gewicht. Und wer vermeintlich intellektuell überlegen andere Menschen belächelt, die von der Kraft des Humors sprechen, dem sei entgegengehalten, dass dieser Viktor Frankl die Heiterkeit als »Essential« bezeichnete, das »wie kaum etwas sonst im menschlichen Dasein geeignet ist, sich über die Situation zu stellen«.

Das zeigt sich zum Beispiel auch in folgendem Witz aus der Zeit des Nationalsozialismus, den Erich Kästner in seinem Kriegstagebuch festgehalten hat und der damals in der jüdischen Szene erzählt wurde: Ein Rabbi steht vor seiner brennenden Synagoge. Neben ihm ein SS-Mann, der grinsend sagt: »Tja, du Itzig, jetzt bist du wohl recht verzweifelt, was?« Darauf antwortet der Rabbi: »Warum soll ich verzweifelt sein? Entweder gibt es einen Gott, dann gibt's auch Gerechtigkeit; oder es gibt keinen Gott – wozu brauchen wir dann noch eine *Synagoge?*«

Ich kenne kaum einen schöneren Beleg der befreienden Kraft der Perspektive über den Dingen als diesen Witz.

3.4 Ein Hoch auf politisch inkorrekte Witze, oder: Lasst euch von keiner Diktatur der Welt das Lachen verbieten

Genau diese Kraft ist der Grund, weshalb alle Diktatoren der Welt die Witze-Macher verfolgen. Denn wer lacht, steht über den Dingen. Mit dem Lachen schlagen die Witzemacher dem

Diktator das wirksamste Mittel seiner Macht aus der Hand: die Angst! Wie der Schriftsteller Jean Paul sagt: »Freiheit schenkt Witz, und Witz schenkt Freiheit.«

Wenn also eine äußere Form – ein politisches System, eine Religion oder was auch immer – Humor unterdrückt, ist das ein sehr gravierendes Symptom einer Diktatur. Dazu passend: Treffen sich Willy Brandt und Erich Honecker. »Ich habe ein interessantes Hobby«, sagt Brandt. »Ich sammle alle Witze, die die Menschen über mich erzählen.« Darauf Honecker: »Ach was? Bei mir ist es umgekehrt! Ich sammle alle Menschen, die Witze über mich erzählen.«

Diese Diktatur, die einem das Lachen verbieten will, muss aber gar nicht unbedingt von außen kommen, sondern es gibt auch eine innere, eine gedankliche Diktatur. Als Beispiel sei die meines Erachtens nach bei uns im Westen bedenkliche innere Diktatur der »political correctness« angeführt. Diese hat ein Maß angenommen, dass sich selbst Künstler schon in vorauseilendem Gehorsam in ihrem Schaffen einschränken lassen von der Gedanken-Polizei »political correctness«, der zufolge man ja unter keinen Umständen irgendwelche Minderheiten verletzen darf. Schon allein die Möglichkeit einer solchen Verletzung ist zu vermeiden. Das führt dann – in der Kunst wohlgemerkt, die doch einer der größten Freiheitsräume überhaupt sein sollte – zu »Skandalen« wie diesem:

Die Künstlerin Dana Schutz hat 2016 ein Gemälde geschaffen mit dem Titel »Open Casket« (Offener Sarg), das sich auf das berühmte Foto des ermordeten afroamerikanischen Jungen Emmett Till bezieht. Dieser war 1955, im Alter von 14 Jahren, in Mississippi zu Tode geprügelt worden, weil er es angeblich gewagt hatte, mit einer weißen Frau zu flirten. Emmett Tills Mutter bestand darauf, dass der Sarg offenblieb, damit die Menschen vor dem herrschenden Rassismus nicht länger die Augen verschließen könnten. Dieses Foto nun hat Schutz ihrem Gemälde zugrunde gelegt und zwar in der Absicht, ihr Entsetzen über das Fortdauern des Rassismus in den USA zu bekunden. So weit, so gut. »Wo ist der Skandal?«, möchte man fragen. Nun, der Skandal ist, dass es eine Reihe Künstler gab, die – angeführt von der schwarzen Künstlerin Hannah Black – die Entfernung, ja gar die Zerstörung dieses Bildes forderten mit der Begründung, dass eine weiße Person kein Recht habe, das Leid der Schwarzen in Profit und Unterhaltung umzumünzen und ein Kunstwerk daraus zu machen.

Jeder, der seinen Verstand noch einigermaßen zusammen hat, weiß: Das ist absurd. Wir haben doch nicht mehr alle Latten am Zaun, wenn eine weiße Künstlerin kein Bild mehr malen darf von einem ermordeten Schwarzen. Wenn Engländer keine »Merry Christmas«-Weihnachtskarten mehr verschicken, sondern nur noch »Season's Greetings«, weil sie ja ein Muslim zu Gesicht bekommen könnte. Wenn an der Fassade einer Hochschule in Berlin folgendes im Original spanische Gedicht von Eugen Gomringer überstrichen werden soll, weil es laut Studentenvertretung eine schlimme sexistische Attacke auf Frauen ist:

Alleen
Alleen und Blumen
Blumen
Blumen und Frauen

Alleen
Alleen und Frauen
Alleen und Blumen und Frauen und
ein Bewunderer

Wenn Professoren dafür angegangen werden, dass sie ihren Literaturstudenten »zumuten«, Mark Twains »Huckleberry Finn« in der Originalversion zu lesen, weil darin x-mal das N-Wort vorkommt. Wenn Willibert Pauels im Karneval nicht mal mehr Düsseldorf scherzhaft als »Dritte Welt« bezeichnen darf? Kein Witz! Nach dem Ausstrahlen meines Weiberfastnacht-Beitrags für das Radioformat »Kirche im WDR« bekam ich einen bösen Leser-, oder in dem Fall wohl richtiger: Hörerbrief. Gesagt hatte ich über den Zusammenhang von Kirche und Karneval: »Überall da, wo traditionell eine katholische Hochburg war, ist eine ebenso traditionell gewachsene Karnevalsszene. Köln, Aachen, Mainz, Brühl, Brasilien … Sogar in der Dritten Welt gibt es Karneval: in Düsseldorf!« Wohlgemerkt mit dem Zusatz: »Tschuldigung, liebe Düsseldorfer, diese liebevolle Frotzelei gegenüber meiner Landeshauptstadt musste einfach sein. Das ist der Kölner in mir. Ihr wisst doch: Was sich liebt, das neckt sich.«

Daraufhin schrieb nun eine Dame: »Ich höre jeden Morgen WDR 4 und bin auch als überzeugte Atheistin durchaus immer interessiert am ›Kirche im WDR‹-Beitrag. Heute Morgen ist mir allerdings angesichts dieser Passage fast die Zahnbürste in den Hals gerutscht. [...] Ich finde es absolut schockierend, unangemessen und respektlos, in diesem nichtigen Kontext einen Vergleich zur ›Dritten Welt‹ herzustellen und das auch noch als ›liebevollen‹ Scherz zu deklarieren. Ich empfinde das als äußerst geschmacklos und frage mich wirklich, wie man die berühmten christlichen Werte, die der Autor ja sicher vertreten möchte, mit dieser Gedankenlosigkeit in Einklang bringen können will. Schade und dazu noch absolut unnötig, dass ein Vertreter der katholischen Kirche auf Kosten der unterprivilegierten Weltbevölkerung Scherze über eine lächerliche und längst überholte Fehde macht. Vermutlich verpufft diese Rückmeldung irgendwo im Karnevalstrubel, aber ich wollte sie dennoch geben.«

Noch Fragen? In meiner »Geschmack- und Gedankenlosigkeit« konnte ich mir da nicht verkneifen zu antworten: »Liebe Frau, es ist Karneval. Ich bin mir fast sicher, dass Ihre Beschwerde beim Rundfunk-Referat ein Scherz beziehungsweise eine Satire ist. Dennoch melde ich mich zurück, damit, falls es doch ernst gemeint ist, Sie nicht in dem Glauben bestätigt werden, dass Ihre Kritik verpufft ist.« Geschlossen habe ich mit: »Mit Heinrich Heine, einem Düsseldorfer (!), sage ich: Mein Frollein, sein se munter. Morgens geht die Sonne auf, abends geht se unter.« Zurück kam ein kurzes »Danke, dass Sie geantwortet haben« und »Keinen Dank dafür, dass Sie mich nicht ernst genommen haben«.

Wie kam ich drauf? Richtig, über »political correctness« und Diktaturen, die einem das Lachen verbieten. Diktaturen können vielerlei Gestalt sein! Ihnen gemein ist, dass sie den Witz, den Humor und die Ironie angreifen. Und das einzige Mittel der Gegenwehr ist, diesen Raum zu verteidigen. Am besten und darüber hinaus am sympathischsten gelingt das, wenn es mich selbst betrifft. Die hervorragendsten Witze über

Behinderte kommen von Behinderten selbst. Etwa wenn der ohne Unterarme geborene evangelische Pfarrer Rainer Schmidt ein Buch schreibt mit dem Titel »Lieber Arm ab als arm dran«. Auch im jüdischen Witz finden wir Tausende Beispiele für eine solche Selbstironie. Etwa in diesem: Ein Afroamerikaner sitzt in der U-Bahn und liest eine jüdische Zeitung. Der Mann neben ihm betrachtet sich das ein Weilchen und sagt dann: »Neger allein genügt dir wohl nicht?«

Das ist die eleganteste, souveränste und genialste Form, sich gegen Antisemitismus zu wehren: sich selbst zum »Opfer« von Witzen über das Judentum zu machen. In diesem Sinn kann ein Jude auch Antisemitismus definieren als »Juden noch mehr nicht leiden zu können, als es eigentlich normal ist«. Eine bittere, aber wunderbar ironische Entgegnung auf den Judenhass.

Viele Vorurteile, die ihnen gegenüber gehegt werden, haben die Juden genial in Witzen verarbeitet. Aus den 1930er-Jahren, in denen die Menschen in Amerika unter den Folgen der schweren Wirtschaftskrise litten, stammt folgender: Gehen zwei Juden durch New York. Der Magen hängt ihnen vor Hunger bis auf die Kniekehlen. Keinen Cent haben sie mehr in der Tasche. Da kommen sie an einer christlichen Kirche vorbei, an der ein großes Plakat hängt: Wenn Sie sich taufen lassen, bekommen Sie 100 Dollar! »Kannst mal sehen, die Gójim, die Christen, was sie für Lügner sind«, sagt der eine. »Als ob man wirklich Geld dafür bekäme. Sie wollen die Menschen nur locken.« »Weißt du was«, sagt der andere, »ich gehe jetzt da rein und prüfe, ob das wirklich nur ein dummer Spruch ist. Ich will das jetzt wissen.« Er geht in die Kirche und kommt nach einer halben Stunde wieder heraus. »Und?«, fragt der, der draußen gewartet hat. »Bekommt man wirklich Geld für eine Taufe?« Da antwortet sein Freund: »Geldgier, Geldgier, Geldgier – das ist es, was uns Christen an euch Juden immer schon gestört hat!«

Oder kennen Sie schon den Witz vom alten Mendel in Tel Aviv? Der alte Mendel in Tel Aviv hat zwei Kinder, einen Sohn und eine Tochter. Beide studieren im Ausland, ausgerechnet in Berlin. Eines Tages bekommt der Sohn in Berlin einen Anruf von seinem Vater aus Tel Aviv. »Papa, schön dich zu hören, wie geht es dir?« »Gar nicht so gut«, antwortet der. »Weißt du, deine Mutter und ich, wir lassen uns scheiden.« »Was? Seid ihr verrückt? Ihr seid doch schon so lange zusammen. Warum, um alles in der Welt, wollt ihr euch denn jetzt scheiden lassen?« »Ach, fünfzig Jahre Krieg sind einfach genug. Dieser ewige Streit zwischen deiner Mutter und mir. Ich will das nicht mehr. Wir lassen uns scheiden.« »Papa, tue mir einen Gefallen. Ich weiß nicht, was in euch gefahren ist, aber das ist eine Kurzschlusshandlung. Ich spreche jetzt sofort mit meiner Schwester, und dann nehmen wir den nächsten Flieger nach Tel Aviv, und bis wir da sind, das musst du mir versprechen, unternehmt ihr nichts in Sachen Scheidung. Hast du mich verstanden?« »Ja, ja, habe ich dich verstanden.« »Und?« »Ja gut, bis ihr da seid, unternehmen wir nichts.« Dann legt der alte Mendel auf, schaut strahlend seine Frau an und sagt: »Sie kommen beide zum Pessach und den Flug bezahlen sie selber!«

Die Frage ist nun: Dürfen auch Christen Witze über Juden oder Muslime machen? Dürfen Nicht-Behinderte Witze über Behinderte machen? Ich sage: Wenn es nicht um deren willentliche Demütigung geht, un-be-dingt ja! So, wie es auch Jürgen von der Lippe gesagt hat, als ihm Homophobie vorgeworfen wurde wegen eines angeblich schwulenfeindlichen Witzes. »Normalität schafft man nur durch Normalbehandlung«, sagte der Entertainer. Schwule müssten wie Blinde, Behinderte oder Ausländer in Witzen vorkommen dürfen, »solange diese nicht gehässig sind oder die Person verächtlich machen«. So ist es! Natürlich kommt es auf den Einzelfall an. Ich muss schauen: Sitze ich jemandem gegenüber, den ich mit meinem Witz verletze, am Ende gar seelisch zerstöre? Da ist Sensibilität gefragt. Aber ich wehre mich dagegen, eine Gruppe per se davon auszuschließen, Witze über sie zu machen, denn das ist die sublimste Form der Diskriminierung. Und weil ich hier niemanden diskriminieren möchte:

Ein frommer Moslem kommt in den Himmel. Da kommt ihm ein Mann mit Bart entgegen und freudig fragt der Moslem: »Mohammed?« »Nein, ich bin nicht Mohammed«, antwortet der Mann. »Ich bin Petrus! Mohammed findest du weiter oben.« Der Mann erklimmt die nächste Himmelsstufe und wieder kommt ihm ein Mann mit Bart entgegen. »Mohammed?«, spricht er ihn aufgeregt an. »Tut mir leid, ich bin nicht Mohammed. Ich bin Moses. Mohammed ist höher«, entgegnet ihm der Bärtige. Der Moslem steigt weiter hinauf, freudig erregt, nun endlich Mohammed zu begegnen. Ein dritter Mann mit Bart kommt ihm entgegen. »Mohammed?« »Nein, ich bin Abraham. Mohammed findest du ganz oben.« Jetzt hält den Moslem nichts mehr. Er erstürmt die höchste Himmelsstufe, sieht auch dort einen Mann mit Bart und rennt auf ihn zu: »Mohammed!« »Aber nein«, sagt der Mann. »Ich bin nicht Mohammed. Ich bin Gott.« »Ja aber, hier sollte ich doch Mohammed finden«, stammelt der Moslem. »Ja, der ist hier«, sagt Gott, dreht sich zu der Ecke um, wo die Kellner zusammenstehen, und ruft: »Mohammed, bringst du uns mal einen Kaffee?«

3.5 Kommt ein Papst in den Himmel, oder: Witze als Lackmustest für die Gesundheit einer Religion

Dass eine Religion es zulässt, dass man Witze über sie macht, ist ein wichtiges Zeichen für ihre innere Gesundheit. Denn tut sie das nicht, liegt es nahe, dass sie eine ungesunde Kontrolle über die Menschen ausüben will: eine diktatorische Kontrolle, die – wie erklärt – durch Humor gefährdet würde. Auch bei uns in jüngerer Zeit haben wir ja diese entsetzliche Erfahrung machen müssen, als aus diktatorisch agierender Religiosität heraus Witzemacher, konkret: Karikaturisten des Satire-Magazins »Charlie Hebdo«, in einem Blutbad »bestraft« und abgeschlachtet wurden. Religiöse Witze sind also sozusagen der Lackmustest gesunder Religiosität. Beispiel gefällig?

Josef von Arimathäa war ein guter Mensch. (Die religiöse Vorbildung, dass er den Leichnam Jesu in seinem Familiengrab beigesetzt hat, damit dieser nicht über das Pessach-Fest am Kreuz hing, setze ich bei den Lesern dieses Buches jetzt einfach mal voraus.) Auch seine Frau war nicht grundsätzlich verkehrt, aber schon ein bisschen zickig. Als Josef am Tag von Jesu Kreuzigung spät nach Hause kommt, ahnt er deshalb schon das Donnerwetter, das ihn erwartet. »Wo kommst du denn so spät her?«, fragt seine Frau vorwurfsvoll. »Aber Schatz, du weißt doch: Heute ist dieser Jesus von Nazareth gekreuzigt worden und da haben wir hinterher noch mit den Kumpels beim Reuzech zusammengesessen und ...« »Und was? Gesoffen habt ihr wieder!« »Nein wirklich, wir haben nicht viel getrunken! Aber etwas anderes muss ich dir gestehen.« »Was?« Josefs Frau ist alarmiert. »Na, du weißt doch, dass dieser arme Jesus kein eigenes Grab hatte und es ist doch Pessach und da habe ich ihm unser Grab, also ...« »Du hast was? Unser teures Familiengrab hast du hergegeben? Für diesen dahergelaufenen Wanderprediger? Das ist jetzt nicht wahr, oder? Hast du sie noch alle? Du weißt doch, was das gekostet hat!« Nur mit Mühe kann Josef von Arimathäa den Redefluss seiner Frau unterbrechen: »Reg dich nicht auf, Schatz, es ist nur übers Wochenende.«

Wer so verquer tickt, dass er in diesem Witz einen Angriff auf das hochheilige Geheimnis der Auferstehung sieht, dessen Religiosität ist meiner Meinung nach nicht gesund. Ebenso wenig ist folgender Witz ein Angriff auf das Amt des Papstes:

Als der unvergessene Papst Johannes Paul II. das erste Mal in Köln war, hat er sich ein Herz gefasst und dem Chauffeur seinen sehnlichsten Wunsch verraten. »Mein Sohn«, hat er gesagt, »es ist mein größter Wunsch, einmal selbst am Steuer eines Mercedes zu sitzen.« »Ja, Heiliger Vater, das ist doch kein Problem«, sagt der Chauffeur. »Tauschen wir halt die Plätze. Ich geh' nach hinten und Sie fahren.« Gesagt, getan. Auf der Inneren Kanalstraße hält der Chauffeur an, steigt aus, setzt sich hinten rein und der Papst geht nach vorne hinters Steuer. Begeistert gibt er Gas. Der Mercedes beschleunigt: 60 Stundenkilometer, 80 Stundenkilometer, 100 Stundenkilometer. Der Papst drückt weiter auf den Pin. 120 Stundenkilometer. 140 Stundenkilometer. Plötzlich: Blaulicht! Die Polizei stoppt den Mercedes. Als der Beamte in den Wagen schaut, bleibt ihm sein »Die Papiere bitte« im Halse stecken. »Mo-moment«, stammelt er kreidebleich, »da muss ich erst meinen Vorgesetzten anrufen.« Mit zittrigen Fingern wählt er die Nummer der Wache. »Ich habe gerade einen Mercedes angehalten: Innere Kanalstraße, 140 Stundenkilometer.« »Ja, was rufen Sie mich da an? Der Strafzettel ist doch wohl eindeutig.« »Ja, aber es ist ein hohes Tier!« »Auch hohe Tiere müssen sich an die Verkehrsregeln halten. Da machen wir keine Ausnahmen.« »Ja, aber es ist ein ganz hohes Tier!« »Ja, um Himmels willen, wer denn?« »Ich weiß nicht, aber sein Fahrer ist der Papst!«

Den für viele skandalösen – aus meiner Sicht allerdings sehr gelungenen – Gipfel des Witzemachens über die christliche Religion stellt wohl der Monty-Python-Film »Das Leben des Brian« aus dem Jahr 1979 dar. Diese schwarze Komödie erzählt die Geschichte des naiven Brian, der – zur selben Zeit wie Jesus geboren – durch Missverständnisse gegen seinen Willen als Messias verehrt wird. Weil er sich gegen die römischen Besatzer engagiert, findet er schließlich in einer Massenkreuzigung sein Ende. Allein diese Szene … In einer langen Schlange schluffen die Gefangenen mit Ketten an den Füßen am römischen Soldaten vorbei, der mit einer Liste in der Hand in freundlichstem Kundenservice-Dauerlächel-Ton jeden fragt: »Zur Kreuzigung?« »Ja.« »Gut, durch die Tür hinaus, zur linken Reihe. Jeder nur ein Kreuz!« Häkchen gemacht. »Der nächste. Zur Kreuzigung?« »Jaja.« Lächel. Schultertätschel. »Gut. Durch die Tür hinaus zur linken Reihe. Jeder nur ein Kreuz!« Häkchen. »Der nächste. Zur Kreuzigung?« »Äh, nein, Freispruch!« »Was?« »Sie haben mich freigesprochen. Sie sagten, ich hätte nichts getan, also könnte ich frei ausgehen und irgendwo auf 'ner Insel leben.« »Oh, das ist aber nett für dich – dann nichts wie ab.« »Nein, nein, ich hab' Sie verulkt. In Wirklichkeit ist es Kreuzigung.« »Oh, ich verstehe ... sehr gut, sehr gut. Nun, zur Tür hinaus ...« »Ja, ich weiß Bescheid. Zur Tür raus, jeder nur ein Kreuz. Linke Reihe anstellen.«

»Jeder nur ein Kreuz« ... Auf so eine freche Idee muss man erst einmal kommen! Ja, der Witz wird hier auf die Spitze getrieben, aber meines Erachtens ist es keine Religionsverachtung, und dass das gelungen ist, ist der hohen Kunst des englischen Humors zu verdanken.

Nahezu harmlos dagegen folgender Witz: Die alte Frau Schmitz kommt in den Beichtstuhl. Der Pastor erkennt sie: »Frau Schmitz, was machen Sie denn hier?« »Ich muss was beichten.« »Was denn?« »Im letzten Kriegsjahr habe ich einen jungen französischen Soldaten bei mir im Keller versteckt.« »Ja aber, Frau Schmitz, das ist doch keine Sünde. Da haben Sie doch ein gutes Werk getan.« »Aber ich habe ihm eine Bedingung gestellt. Dafür, dass ich ihn nicht verrate, musste er mich zweimal die Woche im Heiabett besuchen.« »Oh! Da muss ich jetzt nachfragen, Frau Schmitz: Haben Sie dem jungen französischen Soldaten damit psychisch Gewalt angetan?« »Hehehe ... nee, das hat ihm wohl Spaß gemacht!« »Dann hören Sie mal zu, Frau Schmitz: Das ist so lange her ... und wie sagt unser neuer Papst immer? Erst kommt die Liebe und die Barmherzigkeit, dann die Moral. Das müssen Sie nicht mehr beichten.« »Doch, muss ich!« »Ja warum denn, um Himmels willen?« »Na, ich bin jetzt 91 und er ist 86 und ich habe ihm noch nicht gesagt, dass der Krieg vorbei ist.«

Herrlich, oder? Und weil es so schön ist, einen noch: Johannes Paul II. und Bill Clinton sterben und kommen ans Himmelstor. Petrus macht ihnen auf. »Oh«, sagt er. »Das ist jetzt ungünstig. Wir haben heute nämlich nur noch einen Platz frei. Tut mir leid, aber einer von Ihnen muss nochmal zurück auf die Erde.« Die zwei gucken sich verdutzt an. »Ach, was soll's«, sagt Johannes Paul II. »Ich habe jetzt schon so lange gelitten, da kommt es auf einen Tag mehr oder weniger auch nicht an. Ich gehe freiwillig.« Dankbar verabschiedet Bill Clinton ihn und lässt sich von Petrus in den Himmel führen. Am nächsten Tag steht Johannes Paul II. wieder vor Petrus. Ohne Einwände lässt der ihn diesmal ein und führt auch ihn in den Himmel. Dort begegnen die beiden einem vergnügten Bill Clinton. »Hey, danke nochmal wegen gestern«, sagt der. »Kein Problem«, antwortet Johannes Paul II. »Ich freue mich so sehr, jetzt endlich der Jungfrau Maria begegnen zu dürfen.« »Jungfrau? Oh sorry«, sagt Bill Clinton. »Da kommen Sie einen Tag zu spät.«

Immer wieder bin ich zu meiner Zeit als Büttenredner gefragt worden: Herr Pauels, wenn Sie als Angestellter der Kirche so respektlos mit den Ideen ihrer Firma umgehen, also Witze erzählen über die Religion und die Kirche, über Priester und Bischöfe, was sagt eigentlich Kardinal Meisner als Ihr Chef dazu? Meine Antwort war stets: Ich verrate kein Geheimnis, wenn ich sage, der Kanalmeister ist nicht der Rheinländer an sich. Er hat weder mit Strenge ein Problem noch mit Auseinandersetzungen. Im Gegenteil ... Ich sag' immer: Der hat ein Doppelbett, damit er sich auch nachts querlegen kann. Einschub am Rande: Die Konfliktscheue des Rheinländers ist wunderbar zusammengefasst in dem viel zitierten, wenn auch erfundenen Ausruf des Kommandanten der Stadtsoldaten, als napoleonische Truppen den ersten Kanonenschuss auf Köln abfeuerten: »Wie kutt er dann scheße? Süht er nit, dat he Lück stonn!« (Für alle des Kölschen nicht mächtigen Leser: Wie könnt ihr denn schießen? Seht ihr nicht, dass hier Leute stehn!)

Anders also Kardinal Meisner, der sich mit Vergnügen stritt. Aber – nicht ein einziges Mal hat dieser schlesische Querkopp mich gerügt. Trotz der wiederholten Appelle humorloser Gläubiger, die dem selbsternannten Pappnasen-Diakon aus dem Bergischen eine Abfuhr erteilt wissen wollten. Tatsächlich habe ich ja oft Witze erzählt an der Grenze religiöser Empfindlichkeit. Klassiker: Was ist der Unterschied zwischen einem evangelischen Pastor und einem katholischen? Beim evangelischen Pastor hängt die Kinderwäsche ums Haus – beim katholischen im ganzen Dorf!

Zum Teil habe ich die Empörung der Leute sogar verstanden. Aber selbst in diesen Fällen habe ich von oben nie ein »Passen Sie auf. Seien Sie vorsichtig. Übertreiben Sie es nicht« gehört, geschweige denn ein »So nicht!« Verwunderlich? Nicht besonders! Denn: Der Kanalmeister war in manchen Dingen ultrakonservativ und hart im Urteil, aber er war kein Fundamentalist. Nicht umsonst war er tatsächlich (und nicht nur zu PR-Zwecken) befreundet mit Alice Schwarzer, jener führenden Kämpferin für das Recht auf Abtreibung, das Kardinal Meisner mit der gleichen kämpferischen Rigorosität ablehnte. Da hatten sich zwei Dickköpfe gefunden! Aber wie gesagt: Meisner war kein Fundamentalist. Anders als die Diktatoren, die die Witzemacher verfolgen, ließ er deshalb den bergischen Jung

Willibert Pauels ungerügt gewähren bei seiner Zelebrierung der Perspektive über den Dingen aus der rheinischen Kanzel, der Bütt.

Und längst nicht alle Witze, die ich dort erzählt habe, hatten mit Religion zu tun. Ich liebe zum Beispiel Tierwitze. Kennen Sie den? Treffen sich zwei Hunde. Sagt der eine zum anderen: »Du siehst aber schlecht aus.« »Ja«, sagt der andere, »mir geht es auch nicht gut.« »Ja, dann musst du mal zum Arzt.« »Da war ich schon. Der findet nix, das ist psychisch.« »Ja, wenn das psychisch ist, musst du zum Psychiater.« »Wie denn? Ich darf doch nicht auf die Couch!«

4. Von Geschichten und Wahrheiten

4.1 Wenn man in Märchen und Gedichten erkennt die wahren Weltgeschichten, oder: Bilder tiefer Wahrheit finden

Einen Satz kriege ich nicht mehr aus dem Kopf, den ein überzeugter Atheist mal zu mir gesagt hat. Seufzend meinte er: »Unseren besten Argumenten zum Trotz werdet ihr Religiösen immer in der Mehrheit sein und wir aufgeklärten Atheisten in der Minderheit.« »Warum das?«, wollte ich wissen, und ernst antwortete er: »Weil ihr die besseren Geschichten habt!«

Doch sind Geschichten nicht Kinderkram? Gehört es nicht zum Erwachsenwerden dazu, sich von solchen Märchen zu verabschieden? Eine These, die auch für die Gottesfrage von Relevanz ist, denn Gott selbst ist den Augen der Atheisten ja nichts anderes als eine »Märchengestalt«, und eine solche zum Mittelpunkt seiner Selbst- und Welterklärung zu machen, ist in ihren Augen natürlich bekloppt. Doch wie dichtete Georg Friedrich Philipp Freiherr von Hardenberg alias Novalis?

Wenn nicht mehr Zahlen und Figuren
Sind Schlüssel aller Kreaturen,
Wenn die, so singen oder küssen,
Mehr als die Tiefgelehrten wissen,
Wenn sich die Welt ins freye Leben
Und in die Welt wird zurück begeben,
Wenn dann sich wieder Licht und Schatten
Zu ächter Klarheit werden gatten,
Und man in Mährchen und Gedichten
Erkennt die wahren Weltgeschichten,
Dann fliegt vor Einem geheimen Wort
Das ganze verkehrte Wesen fort.

Allein der Verweis auf einen wortgewandten Dichter der Romantik ist natürlich noch kein plausibles Argument gegen die Position der Rationalisten – vielleicht war Novalis ja auch bekloppt –, aber in seiner Poesie führt er uns auf die meiner Meinung nach genau richtige Fährte, dass nämlich in (guten) »Märchen und Gedichten« eine tiefe Wahrheit verborgen ist.

Um es konkreter zu machen, möchte ich ein Beispiel bringen dafür, dass Märchen mehr sind als Gute-Nacht-Geschichten für kleine Kinder oder allenfalls noch unterhaltsamer Zeitvertreib für die, die nichts Besseres zu tun haben. Nehmen wir die Bremer Stadtmusikanten! Wer kennt nicht die Geschichte vom Hahn und der Katze, dem Hund und dem Esel, die von ihren Besitzern getötet werden sollen, ihnen aber entkommen und sich auf den Weg nach Bremen machen, um dort als Stadtmusikanten aufzutreten? Auf ihrem Weg durch den Wald entdecken sie ein Räuberhaus, vertreiben die Räuber mit ihrem »Gesang« und ziehen in das Haus ein, in dem es ihnen so gut gefällt, dass sie beschließen, dort zu bleiben, quasi als Alten-WG. Für Kinder eine lustige Tier- und eine spannende Räubergeschichte. Und für Erwachsene?

Die Geschichte von Menschen, die für nutzlos und wertlos erklärt werden, weil sie im Getriebe der Leistungsgesellschaft nicht mehr mithalten können. Alt und schwach geworden kann der Esel keine Säcke mehr tragen, können Hund und Katze nicht mehr jagen und sollen deswegen getötet werden. Depressiv und perspektivlos fragen sie: »Wo soll ich hin?«, »Womit soll ich nun mein Brot verdienen?« – so, wie viele Menschen heutzutage klagen und es zu allen Zeiten schon taten: Ich kann nichts, ich hab' nichts, ich bin nichts wert! Auch der Hahn, der im Kochtopf landen soll, hat resigniert und keine bessere Idee als zu schreien, so lange er noch kann. Zu ihm sagt der Esel den Schlüsselsatz der ganzen Geschichte: »Ei was, du Rothkopf«, sagt der Esel, »zieh lieber mit uns fort, wir gehen nach Bremen, etwas Besseres als den Tod findest du überall; du hast eine gute Stimme, und wenn wir zusammen musicieren, so muß es eine Art haben.«

»Etwas Besseres als den Tod findest du überall« – das ist es! Das ist die Perle, die im Acker dieses Märchens vergraben ist. Mit dieser Einstellung eröffnen sich plötzlich völlig neue Perspektiven. Mit dieser Einstellung können die Depressiven einen Aufbruch wagen. Mit dieser Einstellung können sie die Räuber vertreiben, die ja im Grunde nichts anderes sind als die inneren Dämonen, die einem die Lebensfreude rauben. Das Märchen der Bremer Stadtmusikanten ist im Kern eine Befreiungsgeschichte, die uns sagt: Lass dich nicht lähmen von der scheinbar ausweglosen Situation, sondern erhebe dich über diese, schließe dich mit Gleichgesinnten zusammen, und du wirst Glück und Zufriedenheit finden. Der Schlüssel dazu ist der geniale, heilsame und befreiende Perspektivwechsel. »Etwas Besseres als den Tod findest du überall.«

Nicht umsonst kommt dieses Märchen ja auch in der Verfilmung von Carl Zuckmayers »Der Hauptmann von Köpenick« vor. Der alte Schuster Wilhelm Voigt wird darin von dem schwindsüchtigen Mädchen in der Wohnung seines Schwagers Wilhelm gebeten, ihr etwas aus einem Märchenbuch vorzulesen. Seinem Einwand »Für Märchen bist du doch eigentlich schon zu groß« zum Trotz kommt Voigt der Bitte nach und liest eben jene Geschichte der Bremer Stadtmusikanten vor. Und dann kommt er an die Stelle, wo der Esel zum Hahn sagt: »Zieh lieber mit uns fort, etwas Besseres als den Tod findest du überall.« Und Voigt hält inne. Auch für ihn wird dieser Satz zum Schlüsselsatz, der ihm eine neue Perspektive schenkt.

Eine Perspektive, die ihn nach der Beerdigung des Mädchens im Gespräch mit Wilhelms Schwester und deren Mann sagen lässt (unnachahmlich gespielt und berlinert von Heinz Rühmann): »Vorhin, uff'm Friedhof, da hab ick se jehört, die innere Stimme. Da hat se jesprochen, da hat se zu mir jesagt: Mensch, hat se jesagt, einmal kneift jeder 'n Arsch zu – du auch, hat se jesagt, und dann stehste vor Jott dem Vater, der alles jeweckt hat, vor dem stehste denn, un der fragt dir ins Jesicht: Schuster Willem Voigt, wat haste jemacht mit dein' Leben, un dann muß ick sagen: Fußmatten ... Fußmatten, muss ick sagen, die hab ick jeflochten im Gefängnis, un da sind se alle drauf rumjetrampelt. Und Jott der Vater sagt zu mir: Jeh weg, sagt er, Ausweisung, sagt er, detwegen hab ick dir det Leben nich jeschenkt, det biste mir schuldig, sagt er, wo isset? Wat haste 'mit jemacht? Un denn, Friedrich, denn isset wieder nischt mit de Aufenthaltserlaubnis.« »Du pochst an die Weltordnung, Willem. Det is Versündigung!«, sagt Friedrich. Und Voigt entgegnet: »Nee, nee. So knickrig will ich mal nicht vor meinem Schöpfer stehen. Ick werd noch wat machen mit mein' Leben!«

Wenn man in Märchen und Gedichten erkennt die wahren Weltgeschichten, dann fliegt vor einem geheimen Wort das ganze verkehrte Wesen fort.

Ein Gedanke, auf den man übrigens auch von ganz anderer Seite stoßen kann, wenn man sich nämlich in der Tiefenpsychologie umschaut. Vertreter wie Alfred Adler oder Carl Gustav Jung zum Beispiel sagen, dass in allen Weltmythen bestimmte archaische Urbilder immer wieder auftauchen – ungeachtet der Tatsache, dass in den fantasievoll ausgeschmückten Geschichten natürlich viel historisch nicht Haltbares steckt. Diese fantastischen Ausschmückungen kann man aber deuten als die schmackhaft machende Verpackung, um diese Bilder der tiefsten Wahrheit wirken zu lassen.

4.2 Ich wollte wie Orpheus singen, oder: Erkenntnisse auf Sizilien

Einem solchen archaischen Urbild begegnete ich zuletzt in Italien. Ich erlaube mir, ein bisschen auszuholen: Im Oktober 2017 hatte ich das Vergnügen, zum vierten Mal in meinem

Leben Co-Reiseführer zu sein. Der kleine dicke Hilfsguide Willibert durfte mit einer Reisegruppe des Zentral-Dombau-Vereins nach Sizilien. Dieser Verein war ein paar Jahre vorher auf die Idee gekommen, es wäre doch schön (und nicht zuletzt wohl auch werbewirksam), wenn der bergische Jung eine Bildungsreise nach Rom begleiten würde. Meine sofort geäußerten Bedenken, dass in diesem Falle die Bildung der Mitreisenden wohl etwas zu kurz kommen würde, wurde rapp zapp aus dem Weg geräumt: eine promovierte Kunsthistorikerin sei mit von der Partie und zur Wissensvermittlung wie zur Beantwortung aller fachlichen Fragen bestens geeignet. Meine Aufgabe sei es nur, den Leuten darüber hinaus was Schönes zu erzählen. Jut, bevor ich mich schlagen lasse …

Das Ganze hat wunderbar funktioniert und nach drei erfolgreichen Romreisen bekam ich nun das Angebot, eine Bildungsreise nach Sizilien zu begleiten. Bedenken meinerseits, weil ich dort noch nie gewesen war, ließ wiederum keiner gelten. Am Ort sei, wie gehabt, alles perfekt vorbereitet und organisiert und es gebe einen hervorragenden, Deutsch sprechenden Guide: Luigi Castro-Giovanni! Wie hätte ich bei diesem klangvollen Namen Nein sagen können? Und tatsächlich: Von der Begrüßung am Flughafen an verstanden wir uns prächtig, warfen uns die Bälle zu, als hätten wir es monatelang geprobt, und genossen mit unserer 30-köpfigen Reisegruppe eine hinreißende, fantastische, unglaubliche Woche auf Sizilien.

Zum Abschluss zitierte Luigi Goethe: »Italien ohne Sizilien macht gar kein Bild in der Seele«, schrieb dieser am 13. April 1787 in seinen Reisebericht. »Hier ist erst der Schlüssel zu allem.« Wer das verstehen will, muss die ganz besondere Geschichte Siziliens kennen. Ich glaube, kein anderer Ort auf der Welt musste so viele Fremdherrschaften aushalten. Zuerst lebten dort die Sikaner, dann kamen die Phönizier, dann die Griechen, dann die Karthager. Es kamen die Römer, dann die Byzantiner, dann die Araber. Nach den Arabern kamen die Normannen, nach den Normannen die Staufer, nach den Staufern die Franzosen. Es folgten Spanier, darauf wiederum Franzosen, dann Österreicher, darauf wieder Spanier – und erst 1861 wurde Sizilien Teil Italiens.

Doch genug des historischen Exkurses. Mitnehmen möchte ich den geneigten Leser in die Villa Romana del Casale in der Nähe der sizilianischen Stadt Piazza Armerina. In dieser römischen Villa, die erst im 20. Jahrhundert ausgegraben wurde, gibt es großartige, faszinierende Bodenmosaike. Eines davon ist bekannt geworden als »Mosaik der Bikini-Mädchen«. Man mag es kaum glauben, aber da sind tatsächlich junge Frauen dargestellt mit einem Ball und anderen Sportgeräten, und diese Frauen tragen Bikinis! An dieser Stelle vom »itsy bitsy teenie weenie yellow polka-dot bikini« zu singen, habe ich mir verkniffen – auch, wenn die Unterhaltung der Reisenden ja eher in meinen Aufgabenbereich fiel denn in Luigis –, aber vor einem anderen Mosaik sang ich ohne Bedenken mit den Worten von Reinhard Meys »Ich wollte wie Orpheus singen« (Alles, was ich habe / Die großen Erfolge).

Die Darstellung des mythischen Sängers Orpheus, der mit seiner Stimme die Tiere betörte, schmückt nämlich einen Raum der Villa, der als Musikzimmer oder Bibliothek gedient haben soll. Dort sang ich also und schwärmte von »Orpheus und Eurydike« als einer meiner Lieblingsopern.

Was ich aber nicht wusste: Dieser betörende Sänger Orpheus betörte nur die Landtiere. Für die Meerestiere gab es in der griechischen Mythologie eine Parallelgestalt namens Arion – und auch der ist in der Villa Romana in einem prächtigen, rund zweieinhalbtausend Jahre (!) alten Mosaik wiederzufinden. Arion war ein Sänger im siebten Jahrhundert vor Christus, und zwar ein so großartiger, dass er zum umjubelten Sieger eines sizilianischen Sängerwettstreits wurde – sozusagen dem »SSDS – Sizilien sucht den Superstar« der Antike. Als Superstar-Sieger-Sänger wurde Arion mit Reichtümern überhäuft. Dummerweise hatte es die Mannschaft an Bord des Schiffes, mit dem er die Heimreise antrat, auf genau diese Reichtümer abgesehen. So wurde er von der Besatzung vor die wenig schöne Wahl gestellt, entweder ins Meer zu springen und zu ertrinken oder an Ort und Stelle ermordet zu werden. Arion entschied sich für den Sprung in die Fluten, erbat sich aber, zuvor ein letztes Lied singen zu dürfen. Dieser Wunsch wurde ihm gewährt und Arion sang – so überirdisch schön, dass die Meerestiere herbeieilten, um ihn zu hören. Als er ins Meer sprang, nahm ein Delfin ihn auf seinen Rücken und trug ihn sicher an Land.

Schlagartig gingen mir vor diesem Mosaik Querverbindungen auf unter anderem zur Bibel als einer der großen kulturgeschichtlichen Erzählungen der Völker. War nicht auch Jona von der Schiffsbesatzung ins Meer gestoßen und von einem Tier gerettet worden? Drei Tage soll er im Bauch eines großen Fisches gewesen sein, ehe dieser ihn an Land spie. Und kann man nicht in den drei Tagen, die Jona im finsteren Bauch des Fisches war, die drei Tage sehen, die Jesus im Reich des

Todes gefangen war? Und ist nicht auch Jesus dem Versinken oder gar Ertrinken im Wasser entronnen, indem er über selbiges gegangen ist? Wenn Jesus über das Wasser geht, heißt das doch nichts anderes, als dass er über den Tod geht. Und weil er vor dem Tod rettet, ist im frühen Christentum wiederum der Delfin ein Christussymbol gewesen. Ist das alles Zufall? Das glaube ich nicht! Ich glaube, dass gewisse archaische Urbilder deshalb in allen großen Geschichten der Völker auftauchen, weil sie von einer tiefen Wahrheit künden.

Bin ich deshalb bekloppt? Ein liberaler Pseudo-Theologe? Nein! Ich möchte einen nicht unberühmten Mann zitieren, der in seinem vorletzten Job Professor war, einen Mann mit Namen Josef Ratzinger. In dem Buch »Letzte Gespräche« wird er, als inzwischen emeritierter Papst Benedikt XVI., von dem Journalisten Peter Seewald damit konfrontiert, dass seine Studenten einmal geklagt haben sollen, er würde in den Vorlesungen nur noch »über Hare Krishna und sowas« reden. Seine Antwort: »Nein, nein, von Hare Krishna habe ich nie geredet, sondern den Mythos des Gottes Krishna behandelt, der erstaunliche Parallelen zur Gestalt Jesu aufweist. Ich hatte ja Religionsgeschichte zu dozieren und insofern war der Hinduismus ein großes Kapitel dieser Vorlesung. [...] Im Allgemeinen wird meistens nur der philosophische Aspekt des Hinduismus betrachtet, aber ich halte seine Mythen und Geschichten für ebenso wichtig.« Also kein Synkretismus, keine unverantwortliche Mischung von Religionen und Religionsgeschichten. Wenn einer über diesen Vorwurf erhaben ist, dann ja wohl der ehemalige Leiter der heiligen Inquisition, heute Glaubenskongregation genannt, Josef Ratzinger.

So stehe ich also vor dem Arion-Mosaik versunken in Gedanken über das Wasser: Beim Durchzug der Israeliten durch das Rote Meer stand es rechts und links von ihnen wie eine Mauer; dem Pharao und seinem Heer dagegen brachte es den Tod – so wie Millionen Menschen bis in unsere Zeit hinein. Die Weihnachtsflut 1717 kommt mir in den Sinn. Der Tsunami 2004. Das Mittelmeer, größter Friedhof der Neuzeit. Wasser ist todbringend – wie in der Erzählung von der Sintflut. Apropos: Sitzen zwei Dinosaurier am Strand und sonnen sich. Da sehen sie am Horizont die Arche Noah vorbeifahren. Sagt der eine zum anderen: »Mist, war das heute?!«

Aber Wasser ist auch elementar lebensspendend. Tief eingegraben haben sich die Bilder aus dem Disney-Film »Die Wüste lebt«. Ohne Wasser kein Leben. Nicht umsonst heißt es über die Erschaffung der Welt: »Die Erde aber war wüst und leer. Finsternis lag über dem Abgrund und der Geist Gottes schwebte über den Wassern.« (1 Mose 1,2) Und im Buch Ezechiel ist zu lesen: »Alle Lebewesen, die sich dort tummeln, werden am Leben bleiben, wohin immer der Fluss kommt, und zahllose Fische wird es geben; denn wenn dieses Wasser dort hinkommt, wird es gesund, und alles, wohin der Bach kommt, bleibt am Leben. Fischer werden an ihm stehen von En-Gedi bis En-Eglajim und ihre Netze zum Trocknen ausbreiten. Fische aller Arten wird es geben, zahlreich wie die Fische im großen Meer. [...] An den Ufern des Flusses werden zu beiden Seiten allerlei Fruchtbäume wachsen, deren Laub nie welkt und deren Früchte nie ausgehen.« (Ezechiel 47,9–12)

Auch am Anfang der Evangelien, am zweiten Adventssonntag, hören wir indirekt vom lebensspendenden Wasser.

Der erste Advent, mit dem das Kirchenjahr beginnt, ist so etwas wie ein Präludium, und am zweiten Advent heißt es dann: »Anfang des Evangeliums von Jesus Christus. Wie beim Propheten Jesaja geschrieben steht:

Ich sende meinen Boten vor dir her; er wird deinen Weg bereiten. Eine Stimme ruft in der Wüste: Bereitet den Weg des Herrn! Macht seine Straßen eben! Johannes der Täufer trat in der Wüste auf und verkündete eine Taufe der Umkehr zur Vergebung der Sünden. Ganz Judäa und alle Bewohner Jerusalems zogen zu ihm hinaus und ließen sich von ihm im Jordan taufen und bekannten dabei ihre Sünden.« (Markus 1,1–5)

Am Anfang also steht das Bild vom Wasser in der Wüste. Wobei »Anfang« als Übersetzung des griechischen »archē« eigentlich viel zu kurz greift. Archē meint »im Urgrund«. Wasser hat etwas Archaisches, etwas Ursprüngliches. Wasser ist ein Archetyp, eine – so wird der Begriff in der Psychologie verwendet – dem kollektiven Unbewussten zugehörige Grundstruktur menschlicher Vorstellungs- und Handlungsmuster. Ein Urbild. Eine Urform.

Solche Archetypen tauchen in den jahrtausendealten Mythen der Menschheit tatsächlich immer wieder auf, als seien all diese Geschichten und Legenden, als seien Riten und Religionen unterirdisch miteinander verbunden. Deshalb steigen Hindus in das heilige Wasser des Ganges, deshalb die rituellen Waschungen im Islam, deshalb die rituellen Waschungen im Judentum, deshalb Blut und Wasser, die aus der Seite des Gekreuzigten fließen – übrigens aus der rechten Seite, obwohl das anatomisch Quatsch ist, soweit ich weiß. Aber beim Propheten Ezechiel heißt es: »Dann brachte er mich an den Eingang des

Tempels zurück. Da sah ich, wie Wasser unter der Schwelle des Tempels hervorströmte nach Osten zu; denn die Vorderseite des Tempels lag nach Osten und das Wasser floss unterhalb der rechten Seitenwand des Hauses hinab, südlich vom Altar. « (Ezechiel 47,1) Und da Christus als der neue Tempel gesehen wurde, musste eben auch da das Wasser an der rechten Seite fließen. Selbst in der Apokalypse ist vom Wasser des Lebens die Rede: »Denn das Lamm in der Mitte wird sie weiden und zu den Quellwassern des Lebens führen; und Gott wird jede Träne von ihren Augen abwischen.« (Offenbarung 7,17)

Am zweiten Advent nun also zu Beginn des Kirchenjahres, am Anfang des Markus-Evangeliums: die Taufe im Jordan. Mitten in der Wüste tauft Johannes. Als hätte es in Jerusalem kein Wasser gegeben – hat es natürlich! Aber Johannes tauft in der Wüste: dort, wo die lebensspendende Dimension des Wassers so stark spürbar ist wie nirgendwo sonst. Und: Er tauft im Jordan. Jenem Fluss, der aus dem Norden Israels sozusagen am Rande der Wüste entlangfließt, in den See Genezareth mündet, südlich davon in den Jordangraben eintritt und schließlich südöstlich von Jericho ins Tote Meer fließt – einen »abflusslosen Endsee«, wie es in der Online-Enzyklopädie heißt. Da ist Schluss. Da geht es nicht weiter. Das ist der tiefste Punkt der Erde.

Ist das nicht ein unglaubliches Bild, dass das Wasser des Taufflusses Jordan, das Wasser des Lebens, unweigerlich zum tiefsten Punkt fließt, zum »Toten Meer«? So, wie auch der Fluss unseres Lebens unweigerlich zum tiefsten Punkt, zum Tod, führt? Und mehr noch: Jeder Tourist weiß, dass das Tote Meer trägt. Dass man durch den hohen Salzgehalt nicht untergeht, sondern im Wasser liegend Zeitung lesen kann. Das Wasser des Lebens fließt zum tiefsten Punkt – aber am tiefsten Punkt ist ein Meer, das dich trägt. Das Leben mündet unweigerlich in den Tod – aber ich glaube fest, dass auch dort etwas ist, das uns trägt.

4.3 Den Sprung von der Folter zum süßen Backwerk schaffen, oder: Heilige lehren uns die österliche Perspektive

Neben Orpheus und Arion und anderen Gestalten der griechischen Mythologie bin ich auf Sizilien auch einer »alten Bekannten« aus dem reichen Schatz christlicher Mythen und Legenden begegnet. Um deren Geschichte zu verstehen, muss man wissen, dass es den Römern vollkommen egal war, wen oder was ihre Untertanen anbeteten. Alle paar Monate ploppte schließlich irgendwo im Römischen Reich ein neuer Guru oder Gott auf. Und wenn der Anhänger fand, dann fand der eben Anhänger. Egal. Wichtig war nur eines: Loyalität und unbedingte Unterwerfung unter den Kaiser von Rom. Das äußere Zeichen dieser Unterwerfung war das alljährliche Kaiseropfer, das also weniger eine religiöse als vielmehr eine staatspolitische Handlung war.

Für die Christen aber war mit dem Kreuzestod Jesu die Zeit blutiger Opfer endgültig vorbei. Man muss sich das vorstellen: Tausende Lämmer wurden damals am Pessach-Tag im Tempel geschlachtet. Die Priester und Hohenpriester, die Assistenten, die Schlachter ... Alle wateten im Blut. Und in Hörweite des Tempelberges: der Berg Golgotha. Das heißt, die dort Gekreuzigten hörten das Blöken und Schreien der Lämmer – den ganzen Tag. Und was noch furchtbarer gewesen sein muss: Sie hörten auch die tödliche Stille, nachdem das letzte Lamm geschlachtet war. Sie hörten »das Schweigen der Lämmer«, wie ja ein bekannter Psychothriller heißt.

Wie die Lämmer in ihrer Todesangst, so haben auch die Gekreuzigten auf dem Berg Golgotha geschrien. Auch Jesus: »Mein Gott, mein Gott, warum hast du mich verlassen!« Und deshalb hatte für die Christen das Opferblutvergießen in Jesus, dem Lamm Gottes, das geschlachtet wurde am Kreuzesstamm, ein Ende gefunden. Es wäre ja kein großer Aufwand gewesen, fürs Kaiseropfer mit irgendeiner blöden Taube zum zuständigen Reichsbeamten zu gehen und zu sagen: »Da, mach sie kalt. Das Blut ist für den Kaiser.« Aber genau das war der springende Punkt: Für die Christen war mit Jesu Opfertod ein für alle Mal Schluss mit dem Blutvergießen für irgendwen.

Mit diesem Wissen im Hinterkopf möge mir der geneigte Leser nun folgen in die sizilianische Stadt Catania im dritten Jahrhundert nach Christus. Der Statthalter Roms, Quintius, tobt. Vor ihm steht mit keckem Blick die 16-jährige Signorina Agatha. Die Zornesadern sind in dem rot angelaufenen Gesicht des Statthalters schon deutlich hervorgetreten und wütend brüllt er das Mädchen an: »Weißt du nicht, was dir mit dieser Sturheit und Verstocktheit droht? Weißt du nicht, dass ich die Macht habe, dir Schmerzen zuzufügen, wie du sie dir in deinen schlimmsten Fantasien nicht ausdenken kannst?« Was war geschehen? Signorina Agatha hatte ihrer christlichen

Überzeugung folgend das Kaiseropfer verweigert. Ohne vor dem wütenden Quintius den Blick zu senken, antwortet sie deshalb: »Euer Toben und Schreien beeindruckt mich nicht im Geringsten. Da sind wir Kinder von Catania Schlimmeres gewöhnt«, und sie schaut aus dem Fenster auf den Ätna, der über seiner Spitze wie meistens eine kleine Rauchwolke trägt und jederzeit in teuflisches Toben ausbrechen kann.

Diese freche Antwort bringt bei Quintius das Fass zum Überlaufen. Wutentbrannt ruft der Statthalter von Catania die Folterknechte herbei. Grinsend ziehen sie das Mädchen hinaus und eine grausame Folter beginnt. Mit glühenden Zangen, so ist es überliefert, wurden Agatha die Brüste abgeschnitten. Aber, so sagt die Legende, der himmlische Vater sandte Engel herab, die mit ihren Flügeln das Mädchen – unsichtbar für die Peiniger – umfingen, so dass nicht ein einziger Schmerz die junge Frau traf. Lächelnd, so heißt es, lächelnd starb die 16-jährige Signorina Agatha.

Den Statthalter Quintius und selbst den damaligen Kaiser kennt außer ein paar eifrigen Geschichtsstudenten kein Schwein mehr. Dem 16-jährigen Mädchen allerdings wurden auf der ganzen Welt Kirchen gebaut. Natürlich auch in Catania selbst, wo bis heute die prächtige Kathedrale Sant' Agata steht. Dort wird der Schleier aufbewahrt, den sie trug. Und bis heute wird jedes Mal, wenn der Ätna tobt und Feuer spuckt, dieser Schleier hinausgetragen auf die Straße, damit er den Lavastrom stoppen möge – so, wie einst die heilige Agatha in ihrer Unerschrockenheit den Choleriker Quintius stoppte und zusammen mit den vielen Märtyrern ihrer Zeit letztlich die Weltherrschaft und Gewaltherrschaft Roms.

Diese Wirkungsmacht gegen Feuer ging wie ein selbiges, also ein Lauffeuer, um die ganze christlich-katholische Welt und erreichte so auch die kleine Stadt Wipperfürth im Bergischen Land. Schon mehrfach hatte diese Stadt unter Feuersbrünsten zu leiden gehabt – eng standen schließlich die strohgedeckten Häuser beieinander, so, dass ein einziger Funke reichte, um einen verheerenden Brand auszulösen. Und nachdem Wipperfürth im Jahr 1465 wieder einmal fast völlig abgebrannt war, gelobten der Pfarrer und die Bürgerschaft, eine Wallfahrt zur heiligen Agatha nach Sizilien zu unternehmen, auf dass die Stadt von weiteren Feuerkatastrophen verschont bleiben möge. Gesagt, getan! Aber wie heißt es so schön in einem Ringelnatz-Gedicht?

Bei Altona auf der Chaussee
da taten ihnen die Beine weh
und da verzichteten sie weise
dann auf den letzten Teil der Reise.

Oder um es rheinisch zu sagen: »Catania? Mein Jott, es dat weit – dat es ja noch en janz Stöck hinger Königswinter!« So besann man sich denn eines Besseren, als im 15. Jahrhundert aus dem Bergischen nach Sizilien zu talpen, und baute stattdessen auf einem kleinen Hügel bei Wipperfürth eine Kirche, der heiligen Agatha geweiht. Diese steht heute noch und gab dem Stadtteil seinen Namen: Agathaberg! Bis in die heutige Zeit gibt es Prozessionen zu dieser Kirche im Gedenken an das 16-jährige Mädchen, das einst in Catania für seinen Glauben starb. Heilige Agatha, bitte für uns!

Eine Statue dieser Heiligen steht auch in meiner schon fast 900 Jahre alten Mamakirche St. Nikolaus zu Wipperfürth. Wie in jeder wirklich katholischen Kirche gibt es dort zahlreiche Heiligenfiguren. Natürlich die heilige Maria, auch den heiligen Josef, den heiligen Antonius und unseren Pfarrpatron, den heiligen Nikolaus, die Apostel Petrus und Paulus und eben auch die heilige Agatha. Und dann ist da noch die Statue eines wild aussehenden Mannes, der mit einem riesigen Knüppel in der Hand fast aussieht wie Rübezahl. Unter der Figur dieses Keulen-Mannes ist eingraviert, wer er ist: Judas Thaddäus.

Wie in fast allen katholischen Kirchen, so gibt es auch in Wipperfürth vor einigen Heiligenfiguren die Möglichkeit, eine Kerze aufzustellen. Ich weiß noch, wie der hinreißende Schauspieler Ernst Hilbich, der ja wirklich viel gereist ist, mal zu mir gesagt hat: »Weißt du, was das Tolle an unserem Glauben ist, Willibert? Egal wo auf der Welt man ist: Man kann überall in eine Kirche gehen und eine Kerze aufstellen!«

An der Fülle der Kerzen kann man die Beliebtheit der jeweiligen Heiligen ablesen. In St. Nikolaus ist im Heiligen-Ranking seit jeher auf Platz eins die Turmmadonna, eine sehr, sehr kostbare Figur aus dem Jahr 1400. Auch meine Mama ging jeden Morgen mit dem kleinen Willibert, den sie zum Kindergarten brachte, zuerst zur Kirche und stellte dort an der Muttergottes eine Kerze auf.

Apropos Maria ... Kennen Sie schon den? Eine Kunsthistorikerin kommt in den Himmel. Kaum angekommen, fragt sie Petrus, ob es wohl möglich sei, die Gottesmutter zu sprechen. Petrus schaut im Terminkalender nach und tatsächlich: Gleich am nächsten Tag ist ein Gesprächstermin frei. Als die Kunsthistorikerin Maria gegenübersteht, ist sie furchtbar aufgeregt. Schließlich aber fasst sie sich ein Herz und sagt: »Heilige Maria, Mutter Gottes, erlaubt mir eine Frage. Ich bin Kunsthistorikerin und habe auf Erden Euer Bildnis studiert, wo immer ich es fand – in Gemälden, in Skulpturen, in Ikonen … Dabei ist mir aufgefallen, dass sich alle Kunstwerke in einem Punkt glichen: Immer hattet Ihr so einen leicht traurigen Zug um die Augen. Woher kommt das?« Maria seufzt. Verstohlen schaut sie erst nach links, dann nach rechts, winkt die Kunsthistorikerin dann zu sich und flüstert: »Euch kann ich es ja sagen. Ich hätte lieber ein Mädchen gehabt.«

Die zweitmeisten Kerzen in St. Nikolaus, die brennen immer vor der Statue des heiligen Judas Thaddäus. Viel ist über diesen Apostel gar nicht bekannt. Der Legende nach wurde er seines Glaubens wegen brutal mit einer Keule erschlagen, weshalb er meist mit einem Knüppel in der Hand dargestellt wird. Was Judas Thaddäus aber in der Kerzen-Hitparade der Heiligen nach vorne bugsiert haben dürfte, ist die Tatsache, dass er – neben der heiligen Rita als weiblichem Part – in der katholischen Kirche als Schutzpatron für aussichtslose Fälle gilt. Böse Zungen sagen, er sei damit auch Schutzpatron des 1. FC Köln. Aber ich muss gestehen: Auch ich bete jeden Tag zum heiligen Judas Thaddäus.

Doch zurück zur Statue der heiligen Agatha. Schon als Kind war mir diese schöne, junge Frau aufgefallen, die vor sich ein Silbertablett trug mit zwei kleinen Hügeln darauf. »Was ist das?«, fragte neugierig der kleine Willibert seine Mutter. Die räusperte sich etwas verlegen und log: »Das weiß ich auch nicht.« Erst Jahre später erfuhr der dann schon nicht mehr so

kleine Willibert, dass es nichts anderes als die abgeschnitte-
nen Brüste der Heiligen sind, die sie – wie in unzähligen Dar-
stellungen – vor sich trägt. Die Vermutung, dass die heilige
Agatha bei Künstlern deshalb so beliebt war, weil sie es ihnen
ermöglichte, selbst in katholischen Kirchen für etwas Erotik
zu sorgen – ebenso wie der schöne Jüngling Sebastianus, der
nackt von Pfeilen durchbohrt wird, und dessen ein oder andere Darstellung durchaus in eine Sadomaso-Zeitschrift passen würde –, liegt nahe, tut hier aber nichts weiter zur Sache.
Nur »Die Verzückung der heiligen Theresa« von Gian Lorenzo
Bernini sei Freunden erotischer Kunst noch empfohlen, ehe es
wieder nach Sizilien geht.

Als ich dort mit Luigi Castro-Giovanni und unserer kleinen
frommen Reiseschar in Catania war, stand natürlich neben der
Besichtigung der sehenswerten Altstadt mit ihrem puren sizilianischen Barock auch ein Besuch der Kathedrale Sant' Agata auf
dem Programm und, was wäre das sonst für eine Reise: Freizeit.
Auch für diesen Teil hatte Luigi eine Empfehlung parat. »Wenn
Sie in ein Café gehen, bestellen Sie unbedingt Aminuzzi«, gab
er uns mit auf den Weg. »Was sind denn Aminuzzi?«, fragte ich
neugierig. Und anders als dereinst meine Mama in Wipperfürth
scheute er sich nicht zu sagen: das sind kleine Brüstchen! Und
tatsächlich zählen die »Brüstchen der heiligen Agatha«, mit ge-
süßtem Ricotta, Schokolade und kandierten Früchten gefüllte
Küchlein in Form einer Halbkugel, die mit einer weißen Pu-
derzucker-Glasur überzogen und einer kandierten Kirsche als
Brustwarze garniert werden, zu den leckersten »Dolci« Siziliens. Also ... Auf die Idee, aus dem »Material« einer entsetzlichen, brutalen und erniedrigenden Folter ein süßes, himmlisch

schmeckendes Gebäck zu machen, auf diese Idee kommt man wirklich nur in der katholischen Kirche!

Aber der Gedanke, der dahintersteht – und deshalb erzähle ich diese ganzen Geschichten ja –, ist nur möglich aus der österlichen Perspektive. Erst wenn wir triumphierend fragen können: »Tod, wo ist dein Stachel? Tod, wo ist dein Sieg?«, können wir es uns erlauben, einen solchen »Galgenhumor« an den Tag zu legen, der den Sprung schafft von der grausamen Folter zum süßesten Backwerk. Es ist das schon mehrfach erwähnte »Nur wer über den Dingen steht, kann sie belächeln« von Pater Brown, das die heilige Appolonia, der im Zuge der Christenverfolgung alle Zähne ausgeschlagen wurden, zur Schutzpatronin der Zahnärzte macht. Das uns bei Kopfschmerzen zum heiligen Dionysius beten lässt, der nach seiner Enthauptung seinen Kopf hochgenommen haben und damit sechs Kilometer durch Paris gelaufen sein soll bis zu der Stelle, wo er begraben werden wollte. Das den heiligen Laurentius, der auf einem glühenden Rost zu Tode gefoltert worden ist, zum Patron der Köche macht. »Ihr könnt mich jetzt umdrehen, von dieser Seite bin ich gar«, soll er seinen Peinigern gesagt haben. Was für eine geniale Demonstration der anderen, der österlichen Perspektive, die der Glaube schenkt.

Auch bei Thomas Morus. Dieser englische Staatsmann und humanistische Autor ist als Heiliger und Märtyrer der römisch-katholischen Kirche Patron der Regierenden und Politiker. 1534 hat er sich dem Willen seines Königs Heinrich VIII. widersetzt und aus Treue zur Kirche lieber hinrichten lassen, als einen Eid zu schwören, der die Autorität des Königs über die des Papstes gestellt hätte. Ich muss gestehen: Ich hätte mich für Rom nicht köpfen lassen, sondern den Eid geschworen und dabei die Finger hinter dem Rücken gekreuzt – die rheinische Lösung sozusagen.

Thomas Morus aber war erstens kein Rheinländer, zweitens war er stur und drittens hatte er die Freiheit, die nur ein unerschütterlicher Glaube schenken kann. Nach der Verkündigung des Urteils – auf Hochverrat standen unappetitliche Dinge wie Ausweiden bei lebendigem Leib, Vierteilen und Köpfen – soll er gesagt haben: »Ich vertraue fest darauf und werde recht von Herzen darum beten, dass, obwohl Ihr, meine Lords, hier auf Erden meine Richter seid und mich verurteilt, wir uns doch dereinst alle glückselig im Himmel wiedertreffen zu unserem ewigen Heil.« Und auch als er schon vor seinem Henker kniete, ergriff Thomas Morus noch einmal das Wort. Ihm war aufgefallen, dass das Beil im Vollzug des königlichen Urteils nicht nur seinen Hals, sondern auch den schönen langen Bart durchtrennen würde. So strich er diesen zur Seite und sagte: »Mein Bart hat keinen Hochverrat begangen.«

»Mein Bart hat keinen Hochverrat begangen«, »Ihr könnt mich jetzt umdrehen, von dieser Seite bin ich gar« … Sei es wahr oder erfunden. Wenn es erfunden ist, ist es gut erfunden. Se non è vero, è ben trovato.

4.4 Wahrheiten aus Lügien und Trügien, oder: Ein Lob auf Hans Conrad Zander

Allen, die jetzt aufschreien: »Wie, erfunden?«, weil sie die Einschätzung nicht teilen, die den Dichter Novalis und den Diakon

Willibert verbindet, dass nämlich in »Märchen und Gedichten stehen die wahren Weltgeschichten«, sei ein kleines Kunstwerk aus der Feder des begnadeten Erzählers solch wahrer Weltgeschichten, Hans Conrad Zander, zitiert. Sein »Lob der Lüge« ist dem Buch »Seneca im Gasometer« (Gütersloh 2012) entnommen, das gemäß Untertitel 52 »höchst sonntägliche Exerzitien« enthält. Hans Conrad Zander also schreibt:

Von all seinen unsterblichen Satiren hat Boccaccio selber keine so geliebt wie die Geschichte von Pater Cipolla. Drum lässt er sie in seiner Heimatstadt Certaldo spielen. Dort, so erfahren wir, wurde Pater Cipolla längere Zeit vermisst. Als er wiederkam, tat er geheimnisvoll: »Wisst ihr es nicht? Ich habe eine Wallfahrt nach Jerusalem gemacht, und weit darüber hinaus, bis nach Lügien und Trügien, und nach Erfindien sogar. Und von dieser Wallfahrt habe ich euch die wundertätigste aller Reliquien mitgebracht. Hier in dieser Schatulle steckt die wunderbare Feder, die der Engel Gabriel bei der Verkündigung in Nazareth verlor.«

Es lebten aber in Certaldo zwei durchtriebene Spitzbuben, Giovanni und Biagio mit Namen. Auf Zehenspitzen brachen sie ein in Pater Cipollas Kammer. Öffneten lautlos die kostbare Schatulle. Klauten ruchlos die schönste aller Papageienfedern. Legten dafür grinsend in die Schatulle drei schwarze Brocken Kohle.

Die halbe Toskana drängte in die Kirche von Certaldo, als Cipolla tags darauf mit seiner Schatulle ahnungslos auf die Kanzel stieg. Kaum zu ertragen war die Spannung noch, als er, nach langen Litaneien und nach inständigem Bekenntnis seiner Sünden, die wunderbare Schatulle vor aller Augen feierlich öffnete.

Ein Raunen der Entgeisterung ging durch das überfüllte Gotteshaus. Was, das sollte die Feder des Engels Gabriel sein, diese drei hässlichen Brocken Kohle?

In diesem Augenblick tödlich drohender Blamage war einer nur in der Kirche von Certaldo, der die Fassung nicht verlor: Pater Cipolla selbst. In größter Seelenruhe klappte er seine Schatulle wieder zu. Dann, aus dem Stegreif, hob er an zu der spannendsten Predigt, die Certaldo jemals gehört hatte: »... Ja, so abenteuerlich war meine Wallfahrt. Und wie viele wunderbare Reliquien ich euch heimgebracht habe! Nicht nur jene Feder des Engels Gabriel, von der ich euch schon gestern berichtet habe, sondern auch eine Ampulle mit Glockenklang vom Tempel Salomons, überdies ein Fläschlein mit dem Schweiß, den der Erzengel Michael beim Kampf mit dem Teufel vergossen hat. Und jetzt das Allerschönste. Schaut her: Hier, aus Erfindien heimgebracht, drei wundertätige Kohlen vom Feuer, auf dem der heilige Laurentius geröstet wurde. Wer immer sich von mir mit diesen drei wunderbaren Kohlen ein Kreuz auf den Kopf malen lässt, der ist vor allen Übeln, von denen er noch gar nichts weiß, wunderbar gefeit.«

Da drängten Menschen ohne Zahl hin zum Altar, um sich von Pater Cipolla ein kohlenschwarzes Kreuz auf die Stirn malen zu lassen. Und keiner war, der nicht hocherbaut und hocherfreut von dannen zog. Und alle priesen Gott, den frommen Pater Cipolla und seine wunderbaren Reliquien.

So wunderschön endet Boccaccios Erzählung. So wunderschön ist die Religion. Sie ist so schön wie die Liebe. Nicht dass die Liebe Lüge wäre. Doch gibt es keine Liebe ohne schöne Lügen. Und ohne schöne Lügen keine Religion.

Für mich ist Hans Conrad Zander einer der großartigsten Erzähler der Gegenwart. Ich kenne keinen Menschen deutscher Sprache, der so packend, genial, witzig, klug und gebildet mit der Sprache umzugehen und Erzählkunst zu erschaffen weiß wie dieser inzwischen 81-jährige gebürtige Schweizer, ehemalige Mönch, Stern-Journalist und jetzt seit vielen Jahren freie Schriftsteller Hans Conrad Zander.

Ich durfte diesen faszinierenden Menschen vor vielen Jahren kennenlernen. Aufmerksam geworden war ich auf ihn durch seine Zeitzeichen-Beiträge im Radioprogramm des WDR. Da erzählte ein Mann in unnachahmlichem Schweizer Singsang die schönsten Geschichten – man sagt ja nicht umsonst, Schweizer könnten ein Telefonbuch vorlesen und es würde wie ein Gedicht klingen –, und ich, der ich gute Geschichten doch so sehr liebe, war völlig begeistert. Ich habe deswegen nach einigen Malen, die ich ihn gehört hatte, das Telefonbuch zur Hand genommen. Daran sieht man, wie viele Jahre das tatsächlich schon her ist, da war noch nichts mit Internet. Ich schlug also nach unter Z wie Zander – und siehe da: Er stand tatsächlich im Kölner Telefonbuch.

Hans Conrad Zander lebt in Köln-Zollstock, einem ungewöhnlichen Veedel, in dem es große Gartensiedlungen gab aus der Zeit der Weimarer Republik. Damals wollte man preiswerten, gleichzeitig aber auch hochwertigen Wohnraum schaffen gegen die Wohnungsnot infolge des Ersten Weltkriegs. Arme Leute bekamen günstig ein Stück Gartenland mit einem kleinen Häuschen darauf und einem kleinen Stall, wo sie eine Ziege oder ein paar Schweine halten konnten. Später sind diese Grundstücke fast alle bebaut worden, weil es ja lukrative städtische Filetstücke waren. Bevor die Bagger aber das letzte Stückchen einer solchen historischen Gartensiedlung plattmachen konnten, griff zum Glück eine Bürgerinitiative ein, in der sich auch der damalige Stern-Journalist Hans Conrad Zander engagierte. Mit Erfolg! Bis heute lebt dieser begnadete Schriftsteller in einem kleinen Häuschen in einem kleinen, verwilderten Garten mitten in Köln.

Dort durfte ich ihn besuchen, und wie beim biblischen Nikodemus-Gespräch vergaß ich über unserer Unterhaltung Raum und Zeit, so fesselnd war seine Erzählkunst. Nur ein wenig hat er aus seinem Leben berichtet – von der Zeit, als er als junger Mann in der Schweiz einem Dominikanerorden beitrat, wie er selbst sagte, wahrscheinlich aus Protest gegen seinen calvinistischen Vater, und von seiner Zeit als Journalist beim Stern. Dort, bei Gruner und Jahr, wurde mehr und mehr deutlich, was für ein brillanter Schreiber Zander war, aber auch, dass er ein Querkopf war, der sich partout nicht dem Mainstream anzupassen gedachte. Außerdem zeigte sich, dass Zander ein zutiefst religiöser Mensch war, was ebenso wenig zum Stern passte wie die Anti-Mainstream-Einstellung dieses Ausnahmeautors.

Nichtsdestotrotz bekam Hans Conrad Zander Ende der 1970er-Jahre den journalistischen Auftrag, jenen Ort zu besuchen, der nun wahrlich einer der Sammelorte von religiös Bekloppten ist: Lourdes! Zu diesem Wallfahrtsziel in Südfrankreich schickte man Zander hin – zu einer Zeit, in der religiöse Menschen als halb-debile Fundamentalisten galten – und erwartete natürlich einen süffisanten Spott-Artikel über jenen Ort, wo die Zurückgebliebenen und Nicht-Fortschrittlichen zusammenliefen wie die Lemminge am Abgrund. Und Zander lieferte!

Er lieferte aber keinen Artikel, der Lourdes lächerlich gemacht hätte, sondern einen schon ironischen, ja fast süffisanten Beitrag über diejenigen, die meinten, aus einer intellektuell und moralisch vermeintlich überlegenen Perspektive über Lourdes spotten zu können. Ich habe nie eine größere und genialere Liebeserklärung an diesen Ort gelesen als jene Reportage von Hans Conrad Zander. Dieser Artikel war so gut, dass der Stern gar nicht umhin konnte, ihn zu drucken, auch wenn er der Perspektive des Blattes völlig zuwiderlief. Nur zwei Abschnitte will ich zitieren: »Lourdes ist das unbedingte Gegenteil von Cinzano-on-the-rocks«, schrieb Zander. »Ich meine das zwangsneurotische Menschenbild, das aus der Konsumwerbung lächelt: ewig jung, nie versagend, pausenlos lebensbejahend, niemals alt und niemals krank. Lourdes ist das Gegenteil.« Er hätte auch schreiben können: Lourdes ist das Gegenteil vom Titelbild des Stern.

Und im weiteren Verlauf des Artikels fragt Zander: »Was zieht die Menschen heute millionenweise an einen Ort, über den die ganze aufgeklärte Welt die Nase rümpft?« Trotz vieler Gespräche mit Pilgern habe er nicht viel Aufschlussreiches erfahren. Er könne deshalb nur für sich selber sprechen: »Was mich nach Lourdes zieht, ist das Bedürfnis, fromm zu sein«, schreibt er. »Man darf ja heute alles sein: links oder rechts, gescheit oder dumm, krumm oder gerade. Nur eines darf man nicht sein: Man darf nicht fromm sein.« Am schlimmsten sei es in der katholischen Kirche, in der man in den vergangenen Jahren weder die Finanzen noch die bürokratische Machtstruktur reformiert habe. »Abgeschafft hat sie dafür jene schönen alten Formen der Frömmigkeit, die das einzig Erhaltenswerte an dieser Kirche waren.« So sei inzwischen allen Ernstes die große Mehrheit der deutschen Katholiken überzeugt, Katholizismus sei wesenhaft ein schreckliches Problem. »Frömmigkeit ist aber das Gegenteil von einem Problem. Sie ist Weihrauch und Latein, Gewimmel und Spektakel. Katholizismus ist ein schönes Gefühl. Frommsein macht Spaß.«

Eine weitere Episode über Zander sei – einerseits aus Respekt und Verehrung meinerseits und zu Ihrer Unterhaltung, verehrte Leserschaft, andererseits – noch erzählt. Es begab sich, dass Hans Conrad Zander vom Stern damit beauftragt wurde, einen Artikel zu schreiben über diesen neuen Bischof, der da nach Köln kommen sollte, obwohl weder er selbst es wollte noch der Kölner Klerus, wohl aber der Papst. Dieser neue Bischof komme aus Berlin und heiße Joachim Meisner. Hans Conrad Zander nahm sich des Themas an und besaß die Frechheit, am Ende einen Fünfzeiler abzuliefern. Nicht mehr und nicht weniger. Und dieser Fünfzeiler über den neuen Erzbischof von Köln war so bitterböse, dass Kardinal Meisner es Zander in all den Jahren nie wirklich verziehen hat. Er lautete (aus dem Kopf zitiert): »In der Kindheit fehlte ihm der Vater, in der wilden Jugendzeit das Weib. Nun, in fortgeschrittenem Alter, fehlt ihm die Einsicht. So ist er: marianisch verschwärmt, ein scharfer Hund.«

Ich gebe zu: Ich könnte das nicht, jemanden in fünf Zeilen so k.o. zu schlagen. Natürlich ist es furchtbar unhöflich, einen Menschen so zu verurteilen, ohne ihm auch nur den Hauch einer Chance zu geben, sich erst einmal zu bewähren … Aber formuliert ist es schon genial und zeigt die Wortmacht dieses Hans Conrad Zander. Dass der seit Erscheinen des Beitrags eine besondere Position der Nicht-Gewogenheit in der Kölner Kirche innehatte, verwundert kaum. Das störte ihn aber auch nicht groß.

Als ich Zander in seinem kleinen Häuschen in Zollstock besuchte, erzählte er mir folgende wahre Anekdote: Er war eingeladen auf dem Geburtstag eines bekannten Beststellerautors: Manfred Lütz. Der Psychiater, Entertainer und Theologe wurde vierzig und hatte mit einer gewissen Boshaftigkeit nicht nur den Erzbischof von Köln eingeladen, Joachim Kardinal Meisner, sondern eben auch Hans Conrad Zander. Und dieser erzählte mir: »Ich war eingeladen beim vierzigsten Geburtstag jenes Arztes mit dem verwehten Haar.« Allein diese Formulierung ... großartig! »Und es zog mich gerade hinauf zum Tiramisu, als er mir entgegenkam: Joachim Kardinal Meisner! Auch er war auf dem Weg zum Buffet. Meine spontane Reaktion war, mich umzudrehen und zu einem späteren Augenblick das Buffet zu besuchen. Das beobachtete eine Dame, fasste mich am Revers und sagte: Herr Zander! Ein Mann flieht nicht! So blieb ich denn in meiner sprichwörtlichen Schweizer Tapferkeit stehen. Der Kardinal sah mich und ging auf mich zu, streckte seine Hand aus und sagte: ›Mein Erzfeind!‹ Worauf ich seine Hand in die meine nahm und antwortete: ›Mein Erzbischof!‹«

Ich kann hier nur einen klitzekleinen Ausschnitt dessen wiedergeben, was Zander ausmacht. Unbedingt seien seine Werke deshalb zur gründlicheren Lektüre empfohlen. Denn Zander beherrscht die Kunst aller wirklich guten Geschichtenerzähler, nämlich in der Geschichte eine Perle zu verbergen. Eine Perle im Acker, ein archaisches Bild, das dir eine Perspektive auf das Leben schenkt, die dich im günstigsten Fall aus deiner Dunkelheit herausführt und dich heilt. Wie ein Schwamm sauge ich deswegen alle Geschichten auf, die solche Perlen in sich bergen, die von Gotteserfahrungen berichten und vom Leben erzählen, das kein Tod uns entreißen kann. Und ich liebe es, wenn Geschichten vom Leben so eindringlich erzählt werden, dass ich förmlich in sie hineingezogen werde – so wie Bastian Balthasar Bux in Michael Endes Buch »Die unendliche Geschichte«.

Es gab allen Ernstes eine Zeit, in der diesem Autor von Kollegen Eskapismus vorgeworfen wurde. Mit seinen Märchen und fantastischen Geschichten würde er Kinder nicht auf das richtige Leben vorbereiten, hieß es. Statt mitreißenden Erzählungen voller Wunder und Fantasie gab es damals unsäglich pädagogisierenden, gesellschaftskritischen Kram für Kinder. Furchtbar! Was diese Menschen nicht verstanden hatten: In den fantastischsten Geschichten können die tiefsten Wahrheiten eingewoben sein.

4.5 Entweder man nimmt die Bibel wörtlich oder ernst, oder: Vom lohnenden Blick ins Buch der Bücher

Wenn es um Geschichten voll tiefer Wahrheiten geht, dann darf das »Buch der Bücher« natürlich nicht fehlen, denn die Bibel ist eine wahre Fundgrube für solche Geschichten. Ein

paar sind hier ja bereits angeklungen: Jakobs Kampf am Jabbok, die Bekehrung des Paulus, der »ungläubige Thomas« ...
Fängt man erst einmal an, darüber nachzudenken, was für faszinierende Geschichten sowohl das Alte als auch das Neue Testament für uns bereithalten, merkt man schnell, dass das ein
»Fass ohne Boden« ist von der Erschaffung der Welt über die
Arche Noah bis zum verlorenen Sohn, vom Auszug aus Ägyp-
ten über David und Goliath bis zum barmherzigen Samariter,
vom Turmbau zu Babel über Josef und seine Brüder bis zur
Hochzeit von Kanaan.

Die große Herausforderung besteht darin, die richtige Les-
art für all diese Erzählungen zu finden. Einen wichtigen Hinweis, wie das gelingen kann, hat, wie ich finde, Josef Ratzinger
gegeben, als er 2002 zum zehnjährigen Jahrestag des »Weltka-
techismus« darauf hingewiesen hat, dass der christliche Glaube
laut Katechismus keine Buchreligion ist. »Dies ist eine äußerst
wichtige Aussage«, so Ratzinger. »Der Glaube bezieht sich
nicht einfach auf ein Buch, das als solches einzige und letzte
Instanz für den Glaubenden wäre. In der Mitte des christlichen
Glaubens steht nicht ein Buch, sondern eine Person – Jesus
Christus, der selbst das lebendige Wort Gottes ist und sich sozusagen in den Wörtern der Schrift auslegt, die aber umgekehrt
immer nur im Leben mit ihm, in der lebendigen Beziehung zu
ihm recht verstanden werden können.«

Ich glaube deshalb, dass man bei vielen Geschichten gerade
aus dem Alten Testament zwischen den Zeilen lesen muss, um
die »Perle im Acker« zu entdecken, den wahren Kern, die Botschaft für mein Leben. Frei nach dem jüdischen Theologen
Pinchas Lapide: »Man kann die Bibel wörtlich nehmen, oder

man nimmt sie ernst.« Ich muss zum Beispiel aus der fantastischen Geschichte des Jona, der von der Schiffsbesatzung ins Wasser geworfen, von einem Fisch verschlungen und nach drei Tagen an Land gespien wird, herauslesen: Gott lässt mich nicht im Tod. So, wie er Jona vor dem Ertrinken gerettet hat, vor dem Versinken im Meer, das hier in seiner Tiefe und Urgewalt Bild des Todes ist, wird er auch mich nicht versinken lassen im Nichts, sondern auffangen in seiner bergenden Hand, so wie Jona im Bauch des Fisches.

Und schon bin ich wieder – wie vor dem Arion-Mosaik auf Sizilien – beim Wasser. Bei der Stillung des Seesturms. Bei Jesus, der über das Wasser geht. In wie vielen Kommunion-Katechesen mag diese Geschichte schon erzählt worden sein? »Sofort nötigte er die Jünger, in das Boot zu steigen und ihm ans andere Ufer vorauszufahren, während er selbst die Scharen entließ«, lesen wir im Matthäusevangelium. »Nachdem er die Volksscharen entlassen hatte, stieg er allein auf den Berg, um zu beten. Als es Abend geworden war, befand er sich dort allein. Das Boot aber war schon viele Stadien vom Land entfernt und wurde von den Wellen bedrängt; denn es hatte Gegenwind. Um die vierte Nachtwache kam er auf sie zu; er ging auf dem See. Als ihn die Jünger über den See kommen sahen, entsetzten sie sich, weil sie meinten, es sei ein Gespenst, und sie schrien vor Angst auf. Er aber redete sie sogleich an und sagte: Habt Vertrauen, ich bin es. Fürchtet euch nicht! Da antwortete ihm Petrus: Herr, wenn du es bist, so befiehl, dass ich auf dem Wasser zu dir komme. Er sagte: Komm! Da stieg Petrus aus dem Boot und ging über dem Wasser auf Jesus zu. Als er aber den Wind bemerkte, fürchtete er sich und begann zu sinken.

Er schrie: Herr, rette mich! Sogleich streckte Jesus die Hand aus, ergriff ihn und sagte zu ihm: Du Kleingläubiger, warum hast du gezweifelt? Und als sie ins Boot gestiegen waren, legte sich der Wind. Die Jünger im Boot aber fielen vor ihm nieder und sagten: Wahrhaftig, du bist Gottes Sohn.« (Matthäus 14,22–33)

Ist das wahr? Konnte Jesus tatsächlich über das Wasser gehen? Vielleicht. Wunder geschehen. Der Ausspruch von David Ben-Gurion, dem ersten Ministerpräsidenten des Staates Israel, ist nicht umsonst zum geflügelten Wort geworden: »Wer nicht an Wunder glaubt, ist kein Realist.« Vielleicht ist Jesus aber auch nicht über das Wasser gegangen – zumindest nicht über flüssiges. Ein Team amerikanischer Wissenschaftler um den Ozeanographen Doron Nof meint, dass Jesus über Eisschollen gegangen ist. Die Forscher wollen herausgefunden haben, dass es vor rund 2.000 Jahren an dem Uferbereich des Sees Genezareth eine seltene Kombination aus bestimmten Strömungsverhältnissen und Wetterphänomenen gegeben hat. Warme, salzige Quellen und kalte Luftströmungen sollen demnach für die Eisbildung verantwortlich gewesen sein. Und wenn das stimmt? – Erschüttert das meinen Glauben kein bisschen! Denn ob oder ob nicht oder wie … für meinen Glauben spielt das keine Rolle, denn entscheidend ist etwas anderes.

Mit dem Bild, dass Jesus über das Wasser geht, überliefert mir der Evangelist: Als Sohn Gottes ist Jesus mächtiger als der Tod. Und die Episode mit Petrus zeigt: Auch ein Mensch wird nicht im Tod untergehen, wenn er Gott bedingungslos vertraut. Und selbst, wenn unser Vertrauen nicht reicht, hält Gottes Hand uns fest und lässt uns nicht versinken. Und damit bin ich wieder bei der schon oft zitierten Perspektive über den Dingen, die mich frei und glücklich macht, die mir selbst im Leid Hoffnung schenkt und die mir erlaubt, herzlich auch über Jesus-geht-auf-dem-Wasser-Witze zu lachen.

Kennen Sie den? Jesus, Chuck Norris und ein Priester fahren im Boot auf einem See. Plötzlich steigt Jesus aus und läuft über das Wasser. Chuck Norris guckt, zuckt mit den Schultern, steigt aus dem Boot und geht ebenfalls über das Wasser. Der Priester faltet die Hände und betet: »Guter Gott, bitte mach, dass auch ich über das Wasser gehen kann.« Er stellt sich an den Rand des Bootes, will den ersten Schritt machen und – geht sofort unter. Da sagt Jesus zu Chuck Norris: »Meinst du, wir hätten ihm sagen sollen, wo die Steine sind?« Darauf Chuck Norris: »Welche Steine?«

Oder, noch eine Nummer böser: Jesus kommt zum zweiten Mal auf die Erde. In Köln predigt er am Aachener Weiher vor Studenten. Um seinen Worten Nachdruck zu verleihen, will er – wie einst am See Genezareth – über das Wasser gehen. Ohne zu zögern marschiert er auf den Weiher zu, will die ersten Schritte auf der Wasseroberfläche machen und … platsch … liegt er im Wasser. Die Studenten lachen. Anklagend hebt Jesus die Hände zum Himmel und fragt: »Vater, wieso bin ich untergangen?« Kommt eine Stimme von oben und sagt: »Junge, beim ersten Mal hattest du noch keine Löcher in den Füßen!«

Mit dieser bösen Pointe sind wir mittendrin im Kreuzigungsgeschehen und angesichts der gerade erörterten Methode des Zwischen-den-Zeilen-Lesens bei biblischen Geschichten stellt sich nun die Frage: Sind auch Tod und Auferstehung Jesu nur symbolisch zu verstehen? Klare Antwort: Nein! Nicht umsonst wird in der Bibel immer wieder darauf hingewiesen, dass das eine Tatsache ist. »Er ist am dritten Tag auferweckt worden gemäß der Schrift und und er ist dem Kephas erschienen, dann den Zwölf. Danach ist er mehr als fünfhundert Brüdern zugleich erschienen; die meisten von ihnen leben jetzt noch, einige aber sind entschlafen. Danach ist er dem Jakobus erschienen, dann allen Aposteln. Zuletzt aber von allen ist er auch mir erschienen, gleichsam der Fehlgeburt.« (1 Korinther 15,4–8) Jesus ist wahrhaftig gestorben und er ist wahrhaftig auferstanden! Denn ohne das wäre alles vergeblich. »Ist aber Christus nicht auferweckt worden, dann ist euer Glaube unsinnig, dann seid ihr noch in eueren Sünden. Folglich sind auch die in Christus Entschlafenen verloren.« (1 Korinther 15,17f.)

Wer jetzt unsicher wird und sich fragt: »Ja, woher soll ich denn bitteschön wissen, was aus der Bibel nun symbolisch zu verstehen und was wörtlich zu nehmen ist?«, dem sei gesagt: Wenn man sich darauf einlässt und sich damit auseinandersetzt, dann spürt man das mit Herz und Hirn! Und im Zweifel gibt es – jetzt wird es ganz katholisch – ja auch noch das Lehramt der Kirche. Natürlich steht es mir frei, mich dem anzuschließen oder nicht, ich bin ja ein freier Mensch, aber es ist manchmal doch sehr hilfreich. Und wie gesagt: Mit ein bisschen Gespür für die Sache lässt sich der Unterschied meiner Meinung nach auch so erkennen. Dabei schadet es übrigens nicht, etwas Hintergrundwissen zu haben – zum Beispiel über die Zahlensymbolik in der Bibel.

Wer weiß, dass Drei als Inbegriff des Vollkommenen die Zahl des Göttlichen ist (Dreifaltigkeit) und Vier für das Weltliche steht (vier Elemente, vier Himmelsrichtungen), der versteht: Die Welt wurde nicht in sieben Tagen erschaffen, sondern in der Schöpfung begegnen und vereinen sich das Göttliche und das Weltliche: drei plus vier gleich sieben. In diesem Sinne ist auch das Produkt drei mal vier gleich zwölf zu verstehen. Hier bricht das Göttliche in das Weltliche ein. Deshalb die zwölf Stämme Israels, die zwölf Apostel, die zwölf Tore Jerusalems ... Wenn ich das weiß und bei der Bibellektüre mitlese und -denke, bin ich viel näher an der Wahrheit als bei einem kreationistischen »Wenn da steht, die Welt wurde in sieben Tagen erschaffen, dann sind es auch sieben Tage gewesen«.

Kreationisten würden auch sagen: Jedes Mal, wenn ein Regenbogen am Himmel steht, hat Gott den geschickt, denn in der Bibel steht: »Und Gott sprach: Dies sei das Zeichen des Bundes, den ich zwischen mir und euch und allen Lebewesen, die bei euch sind, für künftige Geschlechter schließe: Ich stelle meinen Bogen in die Wolken, er soll ein Zeichen des Bundes zwischen mir und der Erde sein. Wenn ich die Wolken über der Erde zusammenballe und der Bogen in den Wolken erscheint, dann will ich meines Bundes zwischen mir und euch und allen Lebewesen, allem Fleisch, gedenken: Nie mehr soll das Wasser zur Flut werden, um alles Fleisch zu vernichten. Wenn der Bogen in den Wolken erscheint, werde ich ihn ansehen, um des ewigen Bundes zwischen Gott und allen Lebewesen, allem Fleisch auf der Erde, zu gedenken.« (1 Mose 9,12–16)

Atheisten werden sagen: Quatsch! Ein Regenbogen entsteht, wenn Sonnenlicht in Regentropfen gebrochen und reflektiert und so in seine Spektralfarben aufgefächert wird. Steht der Mensch in einem bestimmten Winkel zur Sonne, kann er das sehen. Ich sage: Physikalisch ist das richtig. Aber es ist noch so viel mehr! In den Farben des Regenbogens bekommen wir nämlich eine Ahnung des Göttlichen – das spiegelt sich in den Worten des Psalmisten, der vor über 2.600 Jahren schrieb: »In deinem Licht schaun sie das Licht« (Psalm 36,10b), und es spiegelt sich in dem Werk eines der angesehensten Künstler der Gegenwart, der zum Entsetzen des Kanalmeisters ein Fenster für den Kölner Dom geschaffen hat mit lauter kleinen Farb-Quadraten.

Gott in seiner allumfassenden Gänze, in der alle Gegensätze zusammenfallen, können wir zu Lebzeiten nie begreifen. Würden wir direkt in die Sonne schauen, wir würden erblinden. Was Gott uns aber schenkt, ist die Möglichkeit, einzelne Aspekte, einzelne Facetten seiner Göttlichkeit zu sehen: in der Schönheit der Natur zum Beispiel oder in der Liebe eines Menschen. Wird das weiße Licht in Wassertropfen gebrochen, sehen wir die Vielfalt seiner Farben. Und es sind nicht drei oder vier, sondern es ist das gesamte Spektrum: der Zusammenfall aller Farben! Das macht den Regenbogen zum Symbol des Göttlichen. Deshalb das biblische Bild vom Bogen in den Wolken als Zeichen des göttlichen Bundes.

Dabei gilt: So, wie wir den Regenbogen nur sehen können, wenn wir in einem bestimmten Winkel zur Sonne stehen, so müssen wir auch in einem bestimmten Verhältnis zu Gott stehen, um sehen zu können, in welchen Facetten er sich uns zeigt. Und: Wie der Regenbogen nicht von Dauer ist, so sind auch die Momente der göttlichen Offenbarung stets zeitlich begrenzt.

5. Vom Leben und Sterben

5.1 Dank sei dem Hochamt der Sinneslust, oder: Karneval ist gesund

Die vorherrschende Meinung ist ja: Lust und Kirche passen in etwa so gut zusammen wie Dieter Bohlen und Beethoven oder Mahatma Gandhi und Donald Trump. Bei einer Umfrage auf der Straße hätte die Kirche wahrscheinlich gute Chancen, unter die Top 3 der lustfeindlichsten Institutionen zu kommen. Zu diesem Image nicht unwesentlich beigetragen hat – leider – auch der von mir sonst hoch geschätzte Aurelius Augustinus. Zur Zeit des frühen Christentums war nämlich der Manichäismus en vogue: eine dualistische Lehre, basierend auf der Idee eines kosmischen Kampfes von Gut und Böse, Licht und Finsternis, Geist und Materie, nach der vom Menschen Askese und Reinheit verlangt wurden, um zur Erlösung zu gelangen.

Von diesem Gedankengut geprägt, entwickelte Augustinus seine Theorie, dass die sexuelle Erregung des Menschen eine Strafe Gottes sei für Adams und Evas Sündenfall im Paradies. Nicht, dass Adam und Eva nicht auch Sex gehabt hätten, um Nachkommen zu zeugen, aber vor der blöden Geschichte mit der Frucht vom Baum der Erkenntnis hätten sie ihre Geschlechtsorgane genauso unter Kontrolle gehabt wie ihre Füße beim Spaziergehen. Apropos: Wissen Sie, warum uns die ganze Sache mit dem Sündenfall erspart geblieben wäre, wären Adam und Eva Chinesen gewesen? Na, dann hätten sie den Apfel hängen lassen und die Schlange gegessen!

Augustinus jedenfalls war überzeugt: Wenn man seinen Geist nur hart genug trainiert, kann man den Geschlechtsakt auch ohne Lust vollziehen. Hallo? Geht's noch?

Zum Glück hat die Kirche sich im Laufe der Geschichte von dieser Lust- und Körperfeindlichkeit distanziert. Ich meine: In Jesus ist Gott Mensch geworden in Fleisch und Blut – Inkarnation heißt Einfleischung! Und die Menschwerdung hat nicht an der Gürtellinie aufgehört. Jahrhundertelang hatten die Christen deswegen überhaupt kein Problem mit Sinnlichkeit und Lust. Zur Zeit der Renaissance zum Beispiel pflegte man in Rom zu sagen: »Peccata di carne, peccata di niente«, also fleischliche Sünden sind lässliche Sünden. Deshalb war es auch kein Skandal, dass die Bischöfe damals Frauen hatten und Kinder und Geliebte. Das Zölibat wurde verstanden als Ehelosigkeit, und die hatte lediglich den Zweck, eine erbrechtliche Aufteilung des Kirchenbesitzes an die Kinder der Bischöfe zu verhindern. Das Sexualverhalten der Kirchenmänner war den Leuten völlig egal. Papst Alexander VI. zum Beispiel war nicht zuletzt deshalb so beliebt bei den Römern, weil er ein guter Vater war. Sein dank Zweitem Deutschen Fernsehen (ZDF) bis heute gepflegtes »Monster-Image« hat er als Borgia, also aus Burgos stammend, bloß durch die Propaganda italienischer Kirchenfürsten wegen seiner spanischen Herkunft.

Dass auch ein Deutscher, der Zeremoniär Johannes Burckard aus Straßburg, seinen Anteil daran hatte, führt der Autor und

Theologe Manfred Lütz unterhaltsam aus in seiner »Geheimen Geschichte des Christentums«. Für den pingeligen, kleingeistigen Burckard sei der vitale und spontane Alexander ein Albtraum gewesen und »schlicht zu modern«. Wilde Geschichten über Verkehr mit Hexen und sexuelle Orgien mit der eigenen Tochter brachte Burckard über Alexander in Umlauf, und die kamen den Gegnern der Spanier gerade recht. O-Ton Lütz: »Und so gelang es einem unbedeutenden kleinen deutschen Schreibtischtäter und vielen anderen, einen zwar nicht heiligen, aber doch wohl nicht ganz unbedeutenden Papst mithilfe des Spanienhasses vieler Italiener zu vernichten und sogar seine Knochen bis in jene Abstellkammer bei der Kirche Santa Maria in Monserrato zu verfolgen.« Denn ein ehrenvolles Grab blieb Alexander VI. lange verwehrt. Mehr als 350 Jahre nach seinem Tod erst wurden seine Überreste in einer Kiste auf einem Regal wiederentdeckt. Sein Liebesleben aber war, wie ausgeführt, nicht daran schuld, denn in Sachen Lust galt: Fleischliche Sünden sind lässliche Sünden.

Erst mit der Radikalisierung des Protestantismus, vor allem mit Calvinismus und Pietismus, kam im 19. Jahrhundert wieder der Gedanke auf, die Abwendung vom Weltlichen und die Selbstkasteiung würden einen Gott näherbringen. Und alles, wirklich alles, was in den Bereich der Sinneslust und Sexualität fiel, war ein Anzeichen dafür, nicht auf dem rechten Weg eines gottgefälligen Lebens zu sein. Bezeichnend das Bild, das in unzähligen protestantischen Pfarrhäusern hing: Arm in Arm gehen Menschen darauf Alkohol trinkend und der Sinneslust frönend über eine breite Straße, die am Ende abfällt in die Hölle. Eine kleine Abzweigung aber gibt es, die durch ein enges Tor führt und eine schmale, steile Treppe hinauf: der mühsame Weg in den Himmel. Solche Gedanken haben die Katholiken damals leider übernommen, weil sie auch modern sein wollten, und so hatten wir Ende des 19. Jahrhunderts eine wirklich rigorose, ja pathologische Sexualmoral.

Die Auswirkungen dieser moralischen Rigorosität waren noch in meiner Kindheit und Jugend in den 1950er- und 60er-Jahren zu spüren. Es gab damals kirchlich geförderte Jugendgruppen mit dem Ziel, die Keuschheit zu pflegen, also Vereine gegen Selbstbefriedigung beziehungsweise »Selbstbefleckung«, wie es damals hieß. Mitglied eines solchen Vereins war übrigens, wie er selbst mir mal prustend erzählte, Sportreporter-Legende Manni Breuckmann. Als Vorbild wurde uns in dieser Zeit der heilige Aloysius vorgehalten, Schutzpatron der Keuschheit. Für die Mädchen war es Maria Goretti. Und schon damals gab es, um sich einen kleinen Freiraum in dieser moralischen Diktatur zu erkämpfen, Witze darüber. Der heilige Aloysius, hieß es, der war so keusch, dass er sich nie an einen ausgezogenen Tisch gesetzt hat. Der war so keusch, dass er sich sein Oberhemd immer mit einem Stock in die Hose gesteckt hat.

Allein an diesen Witzen merkt man, was für ein verqueres, neurotisches Verhältnis zum Körper und zur Lust hinter dieser kirchlichen Sexualmoral steckte, die auch ich in meiner Kindheit und Jugend noch erlebt habe. Dass ich trotzdem einigermaßen unbeschadet da rausgekommen bin, habe ich dem Pfarrkarneval zu verdanken. Denn der Pfarrkarneval war im Rheinland so etwas wie eine Gegenbewegung gegen solche rigorose Moral. Er bedeutete eine Weitung der Benimmregeln.

Er stellte den Genuss in den Mittelpunkt. Im Pfarrkarneval begegneten sich die sinnenfrohe Welt des Karnevals, sozusagen das Hochamt der Sinneslust, und der kirchliche Raum. Da wurde viel gegessen, da wurde viel getrunken, da wurde viel geflirtet und ein bisschen gefummelt …

Nicht überall stieß das auf Begeisterung. Ich weiß, dass im Oberbergischen, wo ich zurzeit Diakon bin, die Gemeinden während der Karnevalszeit Bußandachten gehalten haben und Sühneandachten zugunsten der sündigen Rheinländer. Und natürlich gab es den ein oder anderen Priester oder Kaplan, der dem Karneval ob seiner Verführung zur Sündhaftigkeit sehr kritisch gegenüberstand. Erbost verließen die Herren den Raum, wenn auf der Pfarrsitzung schlüpfrige Witze erzählt wurden. Den Karneval grundsätzlich zu bekämpfen, haben sich aber die wenigsten getraut – und die, die es versucht haben, sind grandios gescheitert, denn ihr Engagement kam immer aus einer Perspektive der Angst und damit aus einer völlig unchristlichen Perspektive. Ich werde nie vergessen, wie ich mal im protestantischen Waldbröl einen Auftritt hatte und später – den dort sehr aktiven Freikirchlern sei Dank – unter den Scheibenwischern eines jeden Autos ein Zettel steckte mit der frohen Botschaft: »Karneval ist der direkte Weg in die Hölle.«

Wer mir auf diesem Weg folgen möchte, dem sei folgender Witz aus der Kategorie der Schlüpfrigen erzählt. (Ich habe übrigens nie Witze unterhalb der Gürtellinie erzählt! Gut, kommt immer darauf an, wo der Gürtel hängt …) Also: Ein Mann ist zwar erst 48 Jahre alt, möchte aber, seiner Eitelkeit geschuldet, unbedingt jünger aussehen. Nun hört er von einer Tagesklinik für plastische Chirurgie. Dort geht er hin und trägt seinen Wunsch vor: »Ich bin zwar erst 48 Jahre alt, aber ich möchte unbedingt jünger aussehen.« Das sei gar kein Problem, sagt ihm der Arzt. Einige kleine Schnitte hier und ein paar Botox-Spritzen dort, und noch am selben Tag könne er die Klinik wieder verlassen. Gesagt, getan! Nach den Eingriffen betrachtet sich der Mann im Spiegel und ist mit dem Ergebnis recht zufrieden. Gut gelaunt verlässt er die Klinik und geht zum Bäcker, um sich ein belegtes Brötchen zu kaufen. Dort macht er den Test. »Sagen Sie mal«, fragt er die Verkäuferin, »für wie alt halten Sie mich?« »Ich würde sagen ... 34«, antwortet die, und der Mann ruft triumphierend: »Ha, 48 Jahre bin ich alt! 48!« Froh macht er sich auf den Weg zur S-Bahn. Unterwegs kommt er an einem Kind vorbei, das auf der Straße Hüpfekästchen spielt. »Darf ich dich was fragen? Was glaubst du, wie alt ich bin?« Das Kind schaut ihn kritisch an: »Mitte 30?« »Ha, 48 Jahre bin ich alt«, sagt der Mann. Seine Laune wird immer besser.

In der S-Bahn will er es noch einmal wissen. Neben ihm sitzt eine alte Frau. Er stupst sie an und fragt: »Entschuldigung, für wie alt halten Sie mich?« »Tut mir leid«, sagt die Oma, »meine Augen sind nicht mehr die Besten. Aber wissen Sie, was ich schon immer gut konnte? Mit meinen Händen schätzen! Das hat auch mein Karl-Heinz, Gott hab' ihn selig, immer gesagt. Erna, hat er gesagt, wie Du mit den Händen abschätzen kannst, das ist großartig. Und am besten konnte ich immer untenrum, wenn Sie verstehen, was ich meine.« »Wie, untenrum?« Der Mann ist irritiert. »Ja nu, untenrum halt!« Der Mann zögert erst, aber er will es einfach wissen. Er legt also eine Zeitung über seinen Schoß und lässt die alte Frau darunterfassen und schätzen. Das tut sie. Mit Muße tastet sie und tastet und sagt schließlich: »Sie sind 48 Jahre alt.« Der Mann ist entsetzt. »Wie ist das möglich? Woran haben Sie das erkannt?« »Ganz einfach«, sagt die Oma, »ich habe beim Bäcker hinter Ihnen gestanden.«

Tatsächlich ist der Karneval untrennbar verbunden mit der Kirche. Wie im schon zitierten WDR4-Beitrag gesagt: Man kann das auf der Landkarte noch verfolgen ... Überall da, wo eine katholische Hochburg war, ist auch der Karneval historisch gewachsen: von Brühl bis Brasilien. Apropos Brasilien: Auch der erotischste aller Tänze, der Tango, kommt ja aus zutiefst katholisch geprägten Gegenden. Dieser »vertikale Ausdruck eines horizontalen Verlangens« hat seine Wurzeln in Argentinien, in Brasilien, in Spanien ... Man kann sich einfach nicht vorstellen, dass der Tango im amerikanischen Bible Belt entstanden wäre oder in Dschalalabad.

Als ich 1995 in den großen Karneval kam, habe ich die Kollegen meiner Generation gefragt, wie sie zur Bühne gekommen sind, wo sie ihren ersten Auftritt hatten: die Bläck Fööss, die Höhner, die Paveier, die Räuber, Et fussich Julche Marita Köllner, Doof Nuss Hans Hachenberg, der Weltenbummler Gerd Rück, Et Botterblömche Hans Bols – ein Filou! Als ich ihn das erste Mal traf, sagte er zu mir: »Ich geb' dir einen Tipp. Kauf dir 'ne Kirche und mach dich selbstständig« – und der verrückteste aller Verrückten: Hans Süper. Sie alle habe ich gefragt: Was ist die Wurzel eurer gigantischen Karnevals-Karrieren? Und alle, wirklich alle haben geantwortet: die Pfarrsitzung!

Im Pfarrkarneval hörte ich zum ersten Mal den bekannten Witz: Tünnes geht mit dem Gebetbuch unterm Arm durch

Köln. Trifft ihn der Schäl und sagt: »Tünnes, wo jehste hin?«
Antwort: »Ich jeh in de Puff!« »Wat? Mim Jebetbuch ungerm
Ärm?« »Jo wer weiß, wenn et schön es, bliev ich bis Sundach.«

Diese Weitung enger moralischer Grenzen war für mich –
Gott sei Dank, sage ich heute – verbunden mit kirchlichen
Räumen. Ich habe schlüpfrige Witze gehört in einem katholischen Pfarrsaal, erzählt von katholischen Leuten, von denen
ich wusste, dass sie nicht vom Glauben abgefallen sind. So
habe ich gelernt: Es gibt Zeiten und Räume der größeren inneren Freiheit, und das steht nicht im Widerspruch zu unserer
Religion. Im Gegenteil! Es gehört zu einer gesunden Religiosität dazu, überhaupt zu einem gesunden Leben.

Das beste Buch über die Psychologie des Karnevals hat ein
evangelischer Psychotherapeut geschrieben: Wolfgang Oelsner.
In seinem Buch »Fest der Sehnsüchte« erklärt er: Wenn es Karneval nicht gäbe (und ähnliche grenzüberschreitende Feste),
müsste man ihn aus psychotherapeutischen Gründen erfinden.
Jede notwendige Ordnung kann nämlich zur Verengung führen, und ein Fest wie Karneval hat da eine reinigende Kraft.
Wer nie feiert, wird krank. Umgekehrt gilt natürlich auch: Wer
immer feiert, wird krank. Es ist also eine Frage des rechten Ma-
ßes. Ganz in diesem Sinne dichtete Goethe über den »Kölner
Mummenschanz«:

> *Löblich wird ein tolles Streben,*
> *wenn es kurz ist und mit Sinn;*
> *Heiterkeit zum Erdeleben*
> *sei dem flüchtigen Rausch Gewinn.*

Immer Rausch, immer Party … Das ist auch nicht gesund. Apropos Party, kennen Sie den? Zwei Frauen waren ohne ihre Männer auf einer Party. Ganz brav sind sie gewesen, aber auf dem Heimweg merken sie, wie ihnen der Sekt auf die Blase drückt. Immer schlimmer wird es, und alles Verkneifen hilft irgendwann nicht mehr. Ein Friedhof, an dem sie vorbeikommen, ist ihre Rettung. Die zwei huschen an den Gräbern vorbei in die hinterste Ecke, wo der Sammelbehälter für die alten Kränze und Gestecke steht. Dahinter lassen sie dem freien Lauf, was ihnen fast schon aus den Ohren herausgekommen wäre. Ahhhhhhh, Erleichterung! »Hast du ein Taschentuch für mich?« »Warte … oh, Mist! Ich hab' keine Taschentücher mehr.« Kurz sind die zwei etwas ratlos. Da meint die eine: »Weißte was? Ich hab' so einen alten Slip an, den wollte ich längst schon weggeworfen haben.« Sagt's, zieht ihn aus, wischt sich damit ab und schmeißt ihn zu dem Blumen-Müll. »Nee, das kann ich nicht machen«, sagt die andere. »Meiner ist aus reinster Seide. Ach, ich nehme einfach eine von den Kranzschleifen hier.« Gesagt getan. Kranzschleife vorne und hinten gepackt, hin und her, Hygiene erledigt. Am nächsten Tag treffen sich die beiden Ehemänner. »Sag mal, unsere Frauen hatten gestern ja wohl eine tolle Party, was?« »Wieso?« »Also meine kam nach Hause und hatte kein Höschen mehr an.« »Was soll ich denn sagen? Meine hatte eine Schleife in der Unterhose, da stand drauf: ›Vielen Dank! Der Männerchor‹.«

Ich möchte fast wetten, dass dieser Witz einigen Leuten schon wieder »zu explizit« ist. Noch heute sind die Regeln der katholischen Kirche in der Sexualethik nämlich fast pathologisch eng. Sie bräuchten dringend eine Reform, die in den

Vordergrund und Mittelpunkt die österliche Sicht stellt: Die Würde des Menschen ist unantastbar. Alles hat dieser Würde des Menschen zu dienen, auch seine Sexualität. Deshalb mein Appell an unsere Moraltheologen: Löst euch endlich von der deontologischen Sicht, nach der ihr den Wert von Handlungen daran messt, ob sie bestimmten moralischen Geboten folgen. Danach ist zum Beispiel jede sexuelle Handlung außerhalb des Zeugungsaktes zwischen Mann und Frau schwere Sünde.

Kommt zu einer teleologischen Sicht und sagt: Sexualität ist so lange keine Sünde, wie sie unter der Freiheit erwachsener und reifer Menschen der Kommunikation, der Begegnung zweier Seelen dient unter der unbedingten Beachtung ihrer Würde. Denn diese würdevolle Begegnung der Seelen ist es doch, die den Unterschied macht. Die, wie ganz am Anfang gesehen, uns sogar eine Ahnung vom Himmel schenken kann. Ohne sie wird Sexualität gerade bei Männern schnell zur Entledigung einer sexuellen Notdurft. In aller Banalität wird die Frau dann – drastisch formuliert – für eine Stunde oder eine Nacht zum sexuellen Pinkelbecken. Dann gilt, was Pierre Serizy in dem Film »Belle de Jour« über das Bordell sagt, nämlich: eine halbe Stunde Lust und danach unendliche Traurigkeit. Deswegen muss man Sexualität selbstverständlich einhegen, aber Gebote und Regeln haben immer dienende Funktion.

Sehr schön hält uns das immer wieder Papst Franziskus vor Augen. Ein Beispiel: In unserer pastoralen Arbeit sitzen wir oft Pärchen gegenüber, die kirchlich heiraten möchten. Punkt für Punkt klappern wir das Brautprotokoll ab. Besteht eine Vorehe? Nein? Wunderbar: Alles in Ordnung. Dann aber fragen die zwei: Können wir nicht in der Privatkapelle unseres Erbonkels heiraten? Oder: Wir würden uns so gern am Strand von Sansibar das Ja-Wort geben. Oder: Wir möchten die kirchliche Trauung unter einem Pavillon im Garten feiern. Ein oft geäußerter Wunsch, befeuert durch unzählige amerikanische Liebesfilme, in denen genau das die Schlussszene ist: In einem wunderschönen Garten steht der wunderschöne Bräutigam unter einem strahlend weißen Pavillon und wartet zusammen mit dem Pastor auf die wunderschöne Braut. Begleitet von bewundernden Blicken und gerührtem Schluchzen der Gäste wird die Braut dann von ihrem Vater nach vorne geführt und in einer wunderschönen Zeremonie mit dem Bräutigam vermählt. Und wann immer Pärchen im Brautgespräch mit solchen Wünschen und Fragen an uns herantreten, muss unsere Antwort lauten: Nein! Denn das Kirchenrecht schreibt eindeutig fest: Eine katholische Trauung darf nur, ausschließlich, in einer geweihten, katholischen Kirche stattfinden.

Aber was haben wir Anfang des Jahres auf einem Bild gesehen, das um die Welt ging? Unser Papst traut eine Stewardess und einen Piloten in der Businessclass hoch über den Wolken im Flugzeug. Ich bin überzeugt: Dieses Bild hat auf der ganzen Welt bei allen Kirchenrechtlern zu Schnappatmung geführt! Und nun?

Ich sage: Natürlich braucht jede Institution, auch die Kirche, einen unbedingten Respekt vor dem Recht und den Regeln innerhalb dieser Institution. Selbstverständlich ist auch unser Papst an das Kirchenrecht gebunden, und ganz sicher hat er Respekt vor dessen Regeln. Aber die kirchliche Trauung über den Wolken hat er wie folgt gerechtfertigt: Wenn ich sie dort nicht kirchlich getraut hätte, hätten sie gar nicht kirchlich geheiratet. – Niemals wurde mir so klar, dass unser Papst immer wieder, manchmal provozierend, als Signal in die Welt sendet: Ja, die Gebote und die Regeln sind zu achten, aber: Über jeder Regel steht immer die bedingungslose, die ehrliche und die wohlreflektierte Liebe. Erst kommt die Liebe, dann kommt das Gebot. Oder wie es ein gewisser Rabbi aus Nazareth sagt: Der Sabbat wurde für den Menschen gemacht, nicht der Mensch für den Sabbat. (Markus 2,27) In diesem Sinne möchte ich mit dem französischen Musiker Francis Poulenc sagen: »Ich bin katholisch, und das ist meine größte Freiheit.«

In dieser Freiheit hat beides seinen Platz: Das Überschreiten von Geboten und das Festhalten daran. Das Feiern und die Ruhe. Karneval und Fastenzeit. Das sind zwei Seiten einer Medaille. Es ist dieselbe Medaille, die in der fernöstlichen Tradition Ying und Yang ziert: das Helle und das Dunkle. Zwei Gegensätze, die sich aber nicht bekämpfen (wie im Manichäismus), sondern die sich ergänzen. Mehr noch: Im Hellen ist ein dunkler Punkt und im Dunklen ist ein heller Punkt. So sehr sind diese beiden Seiten, sind Schwarz und Weiß, aufeinander bezogen, dass sie nie ganz voneinander getrennt werden können.

Auch im Karneval gilt: Eine Sitzung ist erst dann wirklich gelungen, wenn bei aller Heiterkeit auch ein Schuss Melancholie dabei ist. In einer guten Show, so hat es der Entertainer Rudi Carrell formuliert, müssen die Leute sowohl lachen als auch weinen. Und auch die Fastenzeit ist nicht nur »schwarz«. Die Sonntage sind als Tage des Herrn vom Fasten ausgenommen. Und mit Laetare, dem vierten Sonntag der Fastenzeit, gibt es einen richtig »weißen Punkt«. Dieses Weiß macht für einen Tag aus dem dunklen Lila der liturgischen Gewänder ein Rosa. »Laetare Ierusalem«, heißt es im Introitus der Liturgie, »Freut euch mit Jerusalem! Jubelt in der Stadt, alle, die ihr sie liebt. Seid fröhlich mit ihr, alle, die ihr über sie traurig wart. Saugt euch satt an ihrer tröstenden Brust, trinkt und labt euch an ihrem mütterlichen Reichtum!« In früheren Jahrhunderten wurde in Rom an Laetare die »Goldene Rose« verliehen: neun mit Saphiren verzierte goldene Blüten, die mit Balsam, Moschus und Myrrhe gefüllt waren. Es gab eine feierliche Prozession von der Basilika des Heiligen Kreuzes in Jerusalem bis zur Lateranbasilika, wo der Papst dann auf die Loggia ging und dem Volk die Rose zeigte. Und bis heute gibt es Gegenden in der Eifel und vor allem in Belgien, wo an diesem Sonntag in der Fastenzeit noch mal richtig Karneval gefeiert wird.

Beide Zeiten aber – Karneval wie die Fastenzeit – sind letztlich nur Wegbereiter hin zum Fest aller Feste: Ostern!

5.2 Das Grab ist leer, der Held erwacht, oder: Ich brenne für die österliche Botschaft

Ostern ist für mich der Dreh- und Angelpunkt meiner ganzen Religiosität. Deswegen musste ich auch nicht lange überlegen, als ich vergangenes Jahr gebeten wurde, zum 50-Jährigen des Diakoneninstituts im Erzbistum Köln den Satz zu vervollständigen »Ich brenne für …«. Ich brenne nämlich dafür, die österliche Botschaft zu verkünden. Denn diese Botschaft lautet: Der Tod und all seine großen und kleinen Geschwister wie Leid und Angst sind zwar real, werden aber nie das letzte Wort haben. Die Seele ist ewig. Alles, was mich ausmacht, und alles, was die ausmacht, die ich liebhabe, ist unvergänglich.

Das ist eine Botschaft, die ich allen Menschen verkünden möchte – völlig unabhängig von ihrer Konfession. Ich kann schließlich nicht erwarten, dass alle Menschen Christen werden. Deshalb kommt es mir zugute, dass dieser Glaube an die Unsterblichkeit der Seele letztlich Kern aller Religionen ist. Das innerste Wesen gesunder Religiosität ist stets der Glaube an die transzendentale Wirklichkeit des Daseins. Es ist der Glaube an das Mysterium, das wir hilflos Gott nennen. Alle Religionen haben im Kern die gleiche befreiende Botschaft, dass die Sehnsucht der Menschen ein Ziel hat. Dass der Tod nicht das letzte Wort hat. Dass dem Menschen ein Leben geschenkt ist, das mit dem Sterben nicht endet, sondern sich wandelt. Im Sufismus, der spirituellen Seite des Islam, die gegenüber dem machthungrigen, nach einem Gottesstaat trachtenden »Scharia-Islam« leider völlig ins Hintertreffen geraten ist, gibt es den wundervollen Satz: »Wenn wir auf der Erde sind, schlafen wir. Wenn wir sterben, erwachen wir.« Es ist sozusagen das gemeinsame Fundament, auf dem die Häuser der verschiedenen Religionen stehen.

Wo ich gerade beim Islam bin … sehr schön auch die Legende von Mohammed und der Katze, die ich – einmal mehr – bei Hans Conrad Zander (im auf Seite 150 genannten Buch) erstmals gelesen habe:

»Mohammed der Prophet saß eines Morgens da, so versunken ins Gebet, dass er nicht merkte, wie seine Katze herzukam und sich neben ihm auf seine Djellaba legte, auf den weiten Ärmel sei-

nes arabischen Mantels. Doch dann klopfte ein Diener. Mit der Nachricht, ein Geschäftsfreund sei unerwartet gekommen, warte draußen und wünsche ihn dringend zu sprechen, schreckte er den Propheten aus der Versenkung. Mohammed wollte aufstehen. In diesem Augenblick sah er die Katze.

Auch die Katze öffnete ihre Augen. Aber nur einen Spalt breit. Dann schloss sie die Augen wieder. Nein, die Katze war nicht bereit, sich durch Mohammeds unwichtige Geschäfte stören zu lassen in ihrer viel wichtigeren Meditation. Einen Augenblick überlegte der Prophet. Dann rief er den Diener zurück und bat lächelnd um eine Schere. Vorsichtig schnitt er damit den Ärmel seines Mantels rund um die Katze ab. Dann stand er auf und ging zu seinen Geschäften. Die Katze schien es nicht zu bemerken. Ungestört meditierte sie fort.«

Nach Zander verblüfft diese Legende den christlichen Sinn durch ihre innere Verwandtschaft mit den frühen Legenden um Franz von Assisi. Wer sich aber des gemeinsamen Fundamentes bewusst ist, auf dem die Religionen stehen, bei dem dürfte sich die Verblüffung in Grenzen halten.

Das Bild von den Häusern der Religionen hat Martin Buber klug ausgeführt in den »Erzählungen der Chassidim«. »Jede Religion ist ein Haus der nach Gott verlangenden Menschenseele, ein Haus mit Fenstern und ohne Tür«, schreibt er. »Jede Religion ist ein Exil, in das der Mensch vertrieben ist, und nicht eher als in der Erlösung der Welt können wir aus den Exilen befreit und in die gemeinsame Gotteswelt gebracht werden.« In diesem Gedanken vom Exil begegnet uns wieder das von mir an anderer Stelle schon angeschnittene

Thema der Vertreibung aus dem Paradies. Mit der Erbsünde, verstanden als Erbtrennung, sind wir in dieser Welt immer ein Stück weit von Gott entfernt. So sehr wir uns auch danach sehnen: Auf Erden werden wir nie dauerhaft so aufgehen in Gottes Liebe, wie es im Paradies einmal gewesen ist und – so hoffe und glaube ich – nach dem Tod wieder sein wird. Denn dieses Sehnen, dieses Heimweh impliziert für mich, dass es ein solches Zuhause gibt und dass wir eine Ahnung davon in uns tragen. »Im Haus meines Vaters sind viele Wohnungen.«, sagt Jesus. »Wäre es nicht so, hätte ich es euch dann gesagt: Ich gehe, um euch einen Platz zu bereiten? Und wenn ich gegangen bin und euch einen Platz bereitet habe, komme ich wieder und werde euch zu mir nehmen, damit auch ihr seid, wo ich bin.« (Johannes 14,2–3) Eine schönere Hoffnung, als dass der Tod ein Nachhausekommen ist, ein Heimgang, wie man früher ja auch sagte, kann ich mir nicht vorstellen.

Vom Haus des Vaters zurück zu den Exilen, den Häusern der Religionen. »Die Religionen, die das wissen«, schreibt Buber, »sind in der gemeinsamen Erwartung verbunden; sie können einander Grüße von Exil zu Exil, von Haus zu Haus durch die offenen Fenster zurufen. Jede Religion muss darauf verzichten, das Haus Gottes auf Erden zu sein, und sich damit begnügen, ein Haus der Menschen zu sein, die in der gleichen Absicht Gott zugewandt sind.« Ein tolles Bild, finde ich: Von Haus zu Haus grüßen wir uns durch die offenen Fenster. So muss das Miteinander der Religionen aussehen. Nicht: Fenster zumauern, und wer das Haus verlässt, wird erschossen. »Aber was ist mit dem Heilsanspruch der katholischen Kirche?«, mag jetzt der eine oder andere fragen wollen. »Die behauptet doch genau das: Haus Gottes auf Erden zu sein.« Stimmt schon: Ich würde auch sagen, dass die Kirche von Jesus, und da dieser göttlich ist, von Gott eingesetzt ist. Ich verstehe sie aber nicht als exklusives, einzig wahres Haus, dessen Bewohner in den Himmel kommen, während die aller anderen Häuser in der Hölle landen. Also kein rigides »extra ecclesiam nulla salus«, außerhalb der Kirche kein Heil, wie es in ultra-konservativen Kreisen bis heute gilt. Das Fass, wie dieser Satz im Einzelnen verstanden werden kann, will ich gar nicht aufmachen.

Ich für meinen Teil bin im katholischen Haus geboren und fühle mich dort sauwohl. Ich habe zumindest theoretisch andere Häuser besuchen dürfen – das evangelische Haus, das jüdische, das freikirchliche, das orthodoxe ... – aber mit Ausnahme von Taizé wollte ich eigentlich immer möglichst schnell zurück »in die eigenen vier Wände«. Und ich kann auch jedem nur empfehlen, in unser Haus einzuziehen. Ich unterstütze die Mission! Nicht, weil ich die anderen Häuser für schlecht halte, sondern weil ich unseres wunderschön finde. Im katholischen Haus gibt es viele Zimmer – und im Gegensatz zum puritanischen Haus auch eine ordentliche Kellerbar. (Auf dem Handy würde ich jetzt sicherheitshalber ein Zwinker-Smiley einfügen.)

Die größte Party aller Zeiten, die feiern wir in unserem Haus zu Ostern. Wie gesagt: Ich brenne dafür, die österliche Botschaft vom Sieg des Lebens über den Tod zu verkünden. Und wie in einem Brennglas ist diese Botschaft bei uns dargestellt in der Liturgie der heiligen drei Tage. Liturgie ist ja Ausdruckshandlung meiner Sehnsucht, ist das, was mich im Innersten berührt, in einer rituellen Form, die es wiederholbar macht und durch die Wiederholung verfestigt.

Das Triduum Sacrum, also die Dreiheit der österlichen Tage, beginnt mit der Feier des Abendmahls am Gründonnerstag. Dort begegnen wir dem »Gott neben mir« – im wahrsten Sinne des Wortes. Da ist alles, was Gemeinschaft ausmacht, was Freundschaft ausmacht. Ein Platz am Tisch, ein Teller, »den ihr mit zu den euren stellt, als sei selbstverständlicher nichts auf der Welt«. Gleichzeitig ist das Abendmahl – gerade im katholischen Verständnis – mehr als eine Tischgemeinschaft, es ist die Urform des Messopfers. Das heißt, in diesem Mahl schimmert schon das Geheimnis des Karfreitags durch. »Und er nahm Brot, sprach das Dankgebet, brach es und gab es ihnen mit den Worten: Das ist mein Leib, der für euch hingegeben wird. Tut dies zu meinem Gedächtnis! Ebenso nahm er nach dem Mahl den Becher: Dieser Becher ist der *Neue Bund* in meinem Blut, das für euch vergossen wird.« (Lukas 22,19–20)

Ein solches Blutvergießen erleben wir am Karfreitag. An diesem Tag zeigt sich die Fratze des Todes – das, was uns allen bevorsteht. Ob wir die Gnade eines sanften Todes haben, wo wir im Alter lebenssatt friedlich entschlafen, oder ob wir wie viele Millionen und Abermillionen einen grausamen, einen frühen, einen schmerzhaften Tod sterben. Das ist, so brutal es klingt, der »Gott über mir«. Der Gott, dem ich nur noch in tiefster Verzweiflung entgegenschreien kann: »Warum hast du mich verlassen?« (Markus 15,34) Das unbegreiflich Erschreckende, das nun einmal zu unserer Existenz dazugehört, kulminiert in diesem Schrei des Gekreuzigten.

Was bleibt, ist Schweigen – das Schweigen des Karsamstags. Nirgendwo auf der Welt findet an diesem wirklich grabesstillen Tag eine heilige Messe statt. Seit Gründonnerstag schon schweigen die Kirchenglocken, schweigen die Orgeln, schweigen die Altarschellen. Die Altäre sind abgeräumt: kein Schmuck, keine Farben, kein Leben. Selbst die Taufwasserbecken, Quelle des Lebens, sind leer. Fassungslosigkeit. Leere. Schweigen. Wenn jemand den Tod und seine Geschwister kennenlernt, weil jemand stirbt, den er liebt, dann schweig. Sei da, aber schweig, denn wirkliches Leid macht sprachlos: Karsamstag!

Und dann … Dann kommt Ostern: mitten in der Nacht, wenn die Dunkelheit am tiefsten ist. Wenn die Sprachlosigkeit dir noch den Mund verschließt. Wenn dir alle Trostbilder genommen sind. Dann geht in jeder katholischen Kirche dieser Welt die hinterste Tür auf, und in der Tür erscheint ein Licht, getragen vom Priester oder Diakon, begleitet von den Messdienern, gehüllt in den Duft des Weihrauchs: die Flamme der Osterkerze, Lumen Christi! Licht der Welt, das jede Finsternis vertreibt.

Deo gratias, Dank sei Gott. Was ich schon nicht mehr zu hoffen gewagt hatte, ist da: Licht stärker als die Dunkelheit, Leben stärker als der Tod. Dreimal stoppt die feierliche Prozession beim Einzug in die Kirche, und in aufsteigender Tonlage singen Priester und Gemeinde im Wechsel: Lumen Christi! Deo gratias! Dankbarkeit, die einem das Herz sprengen möchte. Nicht umsonst gibt es im Süddeutschen das Sprichwort: »Am Ostermorgen geht die Sonne drei Mal auf.« Und nie mehr unter, möchte ich ergänzen, denn wie Augustinus sagt: »Der Ostertag hat kein Ende, weil seine Sonne, Christus, keinen Untergang kennt.«

Während des Wechselgesangs entzünden die Messdiener ihre Kerzen an der Flamme der Osterkerze und teilen das Licht an die Gemeinde aus. Von Docht zu Docht springt die Flamme über, und bald schon erfüllt ein kleines Lichtermeer den Kirchenraum. Die Osterkerze ist der Urgrund jeder Flamme, die Mutter aller Abermillionen Kerzen, die aus Dank oder in flehentlicher Bitte in den Kirchen dieser Welt – und auch den Tempeln dieser Welt – entzündet werden.

In ihr wird das Feuer sichtbar, das Wärme spendet und Schutz. Wie beim Archetyp Wasser, so fällt auch im Feuer beides zusammen: das furchterregend Todbringende einerseits und das Lebensspendende andererseits. Was für ein riesiger Schritt es gewesen sein muss, als unsere Vorfahren vor über einer Million Jahren das Feuer zu beherrschen lernten, können wir kaum erfassen. Aber tief eingegraben hat die Evolution dem Menschen die Sehnsucht nach Licht. Für den Homo erectus kroch mit Einbruch der Dunkelheit der Tod heran. Jede Nacht war eine Nacht der Todesgefahr. Und noch heute lässt das die Kinder bitten: »Mama, lass das Licht an«, wenn die Mutter sie ins Bett gebracht hat. Wo aber ein Feuer brannte vor der Höhle, da war man sicher vor den Angriffen des Säbelzahntigers. Kein Wunder, dass den Menschen das Feuer vorgekommen ist wie der Lichterglanz aus einer anderen Welt. In der Mythologie gehörte es deshalb selbstverständlich in den Bereich des Göttlichen – bis Prometheus kam, es den Göttern stahl und den Menschen brachte.

»Aber was geschah eigentlich?«, fragt die Benediktinerin Schwester Teresa Tromberend in einer Einführung in die Liturgie der Osternacht. »Irgendwann müssen Menschen begriffen haben, dass aus dem totesten Material, das wir uns denken können, aus toten Steinen, lebendiges, flammendes Feuer zu gewinnen war, indem man sie aneinanderschlug, bis der Funke sprühte. Auf diese Weise soll das Osterfeuer bis heute gewonnen werden – mithilfe toter Steine die lebendige Flamme. [...] Das Bild bedarf keiner langen Erklärung in der Osternacht. Wenn das gilt, dann fragt man sich, ob es auf der Welt überhaupt etwas gibt, von dem man sagen dürfte, es sei endgültig tot!«

Die Flamme der Osterkerze ist das Feuer vor den Höhlen unserer Tage. Bezeichnet mit dem Kreuz symbolisiert sie diesen einen, der vor über 2.000 Jahren im Ölgarten nicht mehr aus noch ein wusste vor Angst, der am Kreuz zu Tode gefoltert wurde in Solidarität mit den Abgehängten und der hinabgestiegen ist an den tiefsten Punkt nachtschwarzen Schweigens.

Verziert mit der jeweiligen Jahreszahl und Alpha und Omega, dem ersten und letzten Buchstaben des griechischen Alphabets, verankert die Osterkerze unsere Gegenwart in der Ewigkeit. Im flackernden Licht des Osterfeuers spricht der Priester beim Bereiten der Kerze: »Christus, gestern und heute, Anfang und Ende, Alpha und Omega. Sein ist die Zeit und die Ewigkeit. Sein ist die Macht und die Herrlichkeit in alle Ewigkeit. Amen.« Gänsehaut!

In der Kirche wird die Osterkerze auf den Leuchter gestellt, der extra dafür prächtig geschmückt wurde. Mit Weihrauch wird sie beräuchert und dann, dann kommt eine der schönsten Hymnen der Weltgeschichte: das Exsultet. Seit vielen Jahrhunderten in unzähligen Kirchen an unzähligen Osterkerzen gesungen.

Frohlocket, ihr Chöre der Engel,
frohlocket, ihr himmlischen Scharen,
lasset die Posaune erschallen,
preiset den Sieger, den erhabenen König!
Lobsinge, du Erde, überstrahlt vom Glanz aus der Höhe!
Licht des großen Königs umleuchtet dich.
Siehe, geschwunden ist allerorten das Dunkel.
Auch du freue dich, Mutter Kirche,
umkleidet von Licht und herrlichem Glanze!
Töne wider, heilige Halle,
töne von des Volkes mächtigem Jubel.

Es folgt ein wundervolles Loblied, das in seiner ganzen Schönheit und Poesie aber eine der größten Unverschämtheiten birgt, die man sich nur vorstellen kann. Gepriesen wird nämlich nicht nur die heilige Nacht, nicht nur die unfassbare Liebe des Vaters, sondern gepriesen wird – fast geht es in der Feierlichkeit des Moments unter – die »wahrhaft heilbringende Sünde des Adam«. Bitte was? Die Sünde ist doch die Trennung von Gott, ist in allen Religionen das schlimmst Denkbare. Ist in manchen gar der Grund ewiger Verdammnis. Und der wird jetzt gepriesen? Keine andere Religion kenne ich, die solche Frechheit besitzt!

Wie aber kann man die Trennung von Gott preisen? Höchstens doch in jenem Gedanken, mit dem wir uns unbeholfen tastend schon einer möglichen Antwort auf die Frage nach dem Sinn des Leidens genähert haben, das letztlich ja auch eine Trennung von Gott ist. Dass es nämlich dieser Trennung bedarf, um die Einheit erfahren zu können. Dass es der Sünde bedarf, um die Vergebung zu erfahren. Dass es des Hungers bedarf, um die Nahrung zu schätzen. Dass es der Nacht bedarf, um sich des Lichts zu erfreuen. In diesem Sinne ist die Sünde nicht der Triumph des Bösen, sondern Dienerin Gottes. Nur so können wir im Exsultet jubeln:

> *O wahrhaft heilbringende Sünde des Adam,*
> *du wurdest uns zum Segen,*
> *da Christi Tod dich vernichtet hat.*
> *O glückliche Schuld,*
> *welch großen Erlöser hast du gefunden!*

Und wenn dann zum Gloria die Glocken wieder läuten, die Schellen wieder bimmeln, die Orgel wieder donnert, wenn die elektrischen Lichter eingeschaltet werden und die ganze Kirche im österlichen Festschmuck erstrahlt, dann spiegelt sich darin alle Freude wider, die ein Mensch nur empfinden kann. Und selbst das kleinste Kind, das es geschafft hat, bis dahin wach zu bleiben, wird davon erfasst. Liturgie, so hat Josef Ratzinger gesagt, muss das Mysterium zum Leuchten bringen. Und nie leuchtet es heller als in den drei heiligen Tagen von der Feier des Abendmahls am Gründonnerstag bis zum Jubel der Osternacht.

5.3 »Karl-Heinz, du tot im Flur? So kenn ich dich ja gar nicht!«, oder: Aus der österlichen Perspektive kann man sogar Witze über den Tod machen

Einer meiner kölschen Lieblingswitze über Tünnes und Schäl ist folgender: Tünnes und Schäl stolpern voll wie ein Eimer unter Absingen despektierlicher Lieder durch Köln. »Maria durch Köln-Dünnwald ging …«, schallt es zur Melodie von Gottes-lob-Nummer 224 nicht schön, aber laut durch die Straßen. An Melaten beschließen die zwei Suffköppe, eine Abkürzung zu nehmen. Sie kommen aber nur bis zur Mitte des Friedhofs, wo sie ermattet niedersinken in den seligen Schlaf der Betrun-kenen. Am nächsten Morgen wird Tünnes mit dickem Kopf wach. Er weiß gar nicht, wo er ist oder wie er dahin gekom-men ist: Filmriss! Das Einzige, was er weiß: Er sieht Gräber. So weit das Auge reicht nur Gräber. Da wird auch Schäl wach, rappelt sich hoch, sieht Tünnes und fragt: »Was ist los?« »Was los ist? Das kann ich dir sagen: Auferstehung! Wir zwei sind die ersten!«

Das Grab ist leer, der Held erwacht … In diesem Witz er-kennt man, was Ostern bedeutet: die befreiendste und radi-kalste Perspektive über den Dingen.

Sehr schön kommt das auch in folgendem Witz zum Aus-druck: Ein altes Ehepaar hat eigentlich nur noch einen ein-zigen Wunsch: Es will gemeinsam sterben, damit keiner auf Erden ohne den anderen sein muss. Tatsächlich erleiden der Mann und die Frau eines Tages nahezu gleichzeitig einen Herz-infarkt. Mit Blaulicht und Sirene werden sie ins Krankenhaus gefahren, wo die Ärzte alles daransetzen, ihre Leben zu retten. Doch vergeblich: Die Frau stirbt. Sie kommt in den Himmel und wartet. Wer nicht kommt, ist ihr Mann. »Immer kommt der zu spät«, fängt sie an zu schimpfen. »Nicht *einmal* kann der pünktlich sein.« Stunden vergehen. Dann endlich kommt auch der Mann in den Himmel. »Wo bleibst du denn so lange?«, empfängt ihn die Frau. »Ich warte hier schon seit Stunden!«

Darauf der Mann: »Sei nicht bös, Liebchen, aber mein Arzt hat mich so lang aufgehalten.«

Was für eine Pointe! Nur zu verstehen durch den Perspektivwechsel. Für die Ärzte ist der Exitus zweier Patienten an einem Tag die Katastrophe der Woche. Alles haben sie gegeben, um das zu verhindern – und am Ende den Kampf doch verloren. Ihre Niederlage aber ist für den Mann (und damit auch für den Witz-Erzähler) aus der österlichen Perspektive ein Gewinn: »Sei nicht bös, Liebchen, aber mein Arzt hat mich so lang aufgehalten.«

In die gleiche Kategorie fällt für mich auch der Witz vom Eifel-Bauern auf dem Sterbebett. Sein Leben lang war der Mann Mitglied in der CDU, war im Orts- und Kreisverband und wirklich mit Herz und Seele Christdemokrat. Als der Pfarrer kommt, um ihm das Sakrament der Krankensalbung zu spenden, rappelt sich der Bauer noch einmal auf. »Herr Pastor, einen Wunsch habe ich noch.« »Was denn, mein Sohn?« »Herr Pastor, Sie müssen mir helfen, dass ich noch die Partei wechseln und SPD-Mitglied werden kann.« »Ja, um Himmels Willen, weshalb das denn? Sie? Sie sind doch CDU-Mann der ersten Stunde!« »Ich hab nicht mehr lang zu leben«, sagt der Bauer. »Und wenn schon sterben, dann soll es wenigstens einer von den verfluchten Sozen sein.«

Und weil es so schön ist, einer noch: Zwei Engländer sind leidenschaftliche Golfer. Sie sind mal wieder auf dem Golfplatz, als sie sehen, wie sich oben an der Kirche ein Leichenzug in Bewegung setzt. Hinter dem blumengeschmückten Sarg her zieht die Trauergemeinde auf dem Weg zum Friedhof am Golfplatz vorbei. Als der Zug in etwa auf Höhe der beiden

Golfer ist, unterbricht der eine sein Spiel, nimmt die Mütze ab und verharrt in andächtiger Stille, bis der Sarg vorübergezogen ist. Der andere ist überrascht. »Hör mal, du hast ja Pietät, das muss ich mal sagen. Dass du das Golfspiel unterbrichst, bis der Sarg vorüber ist … alle Achtung.« »Naja«, sagt der andere. »Immerhin waren wir über vierzig Jahre verheiratet.«

Wenn man dem Sterben noch einen Witz abringen kann, sagt das eigentlich schon alles. Galgenhumor ist nämlich nur dann nicht zynisch, wenn der Tod tatsächlich nicht das letzte Wort hat. Aber wenn dem so ist, wenn wir im Sterben nur die Räume wechseln, dann kann sich auch die Leiterin eines Hospizes – so habe ich es mal gesehen – eine Postkarte ins Büro hängen, auf der ein Mann im Hausflur auf dem Boden liegt, und seine Frau, in Hut und Mantel offenbar gerade zur Tür hereingekommen, sich über ihn beugt und sagt: »Karl-Heinz, du tot im Flur? So kenn' ich dich ja gar nicht!«

Die feste Überzeugung, dass der Tod nicht das Ende ist, findet sich auch im rheinischen Liedgut. »Es gibt ein Leben, ein Leben nach dem Tod«, singen die Bläck Föös. »Ob du Christ bist oder Moslem, schwarz bist oder rot, es gibt ein Leben, ein Leben nach dem Tod.« Das Lied ist ein witziges Ufftata-Stück, das sicher nicht als theologische Aussage über das ewige Leben verstanden werden will. »Ja, dort oben hoch im Himmel, da ist jeden Tag ein Fest. Das weiß ich von meiner Oma, die schon da gewesen ist«, heißt es im Refrain. Aber bei allem Spaß ist das Stück meiner Meinung nach doch nicht ganz losgelöst zu sehen von der fest in der rheinischen Seele verankerten Überzeugung, dass es ein Leben nach dem Tod tatsächlich gibt.

Was viele übrigens nicht wissen: Der Föös-Song ist in Wirklichkeit ein Bob-Dylan-Cover. »Death is not the end«, heißt das Original, das 1988 auf dem Album »Down in the Groove« erschienen ist. Sehr empfehlenswert und alles andere als Ufftata.

Aber von Dylan zurück an den Rhein: Tatsächlich gibt es verschiedene kölsche Lieder, die das Thema Tod behandeln, und sie sind alle geschrieben aus der österlichen Perspektive der Hoffnung auf ein ewiges Leben. So ist zum Beispiel »Alle Jläser huh« (Alle Gläser hoch) (Us der Stadt met K / Pavement Records) von Kasalla nur vordergründig ein Hoch-die-Tassen-Trinklied. In der ersten Strophe heißt es für alle des Kölschen nicht Mächtigen übertragen:

So gerne würde ich mit dir einen trinken gehen.
Es gäb' viel zu erzählen.
Das letzte Mal ist ewig her,
doch dein Platz hier an der Theke
bleibt für immer leer.
Doch ich glaube daran, dass du uns hier siehst.
Und ich träume davon, dass du bei uns bist.
Darum heben wir die Gläser dahin,
wo die Engel sind, denn da bist du
und schaust uns zu – darum alle Gläser hoch.

Da steckt schon eine Michelangelo-mäßige Überzeugung hinter, dass wir im Sterben nur die Räume wechseln. Nur vor diesem Hintergrund kann man, wie es im Refrain des Liedes heißt, guten Gewissens anstoßen »auf die Liebe und das Leben, auf die Freiheit und den Tod«. Diese Überzeugung trägt auch ein anderes Lied der Band mit dem Titel »Mer sinn uns widder« (Wir sehen uns wieder) (Et jitt Kasalla / Pavement Records). Die Strophe ist noch voller Fragen wie: »Kannst du mich verstehen?«, »Kannst du mich sehen, wie ich hier stehe?«, »Hörst du das Lied, das ich hier singe?«, aber im Refrain folgt ein überzeugtes »Mer sinn uns widder«, in der Übertragung:

Wir sehen uns wieder – ich glaube daran.
Wir sehen uns wieder – irgendwann
sehen wir uns wieder – da, wo du jetzt bist.
Wir sehen uns wieder – ich glaube daran.
Wir sehen uns wieder – ganz sicher irgendwann
sehen wir uns wieder – auf der anderen Seite.
Warte auf mich.

Auch im riesigen Liedfundus der Bläck Fööss lässt sich die österliche Hoffnung auf ein Wiedersehen finden. Wunderschön zum Beispiel der Titel »Maach et jot« (Mach es gut) (Schönes Wochenende / Rhingtön). Auch hier sei ein Blick auf die Übertragung der ersten Strophe und des Refrains geworfen. Und weil diese Texte nur halb so schön sind, wenn man beim Lesen nicht die Melodie im Ohr hat, kann ich nur dazu aufrufen, sich das Lied im Original anzuhören.

Das Leben ist wie ein Lied,
eine Melodie, die rauf und runter geht.
Mit Strophen zum Lachen
oder das Herz dir schwer zu machen.

Doch egal ob eine Sinfonie
oder eine ganz kleine Melodie,
so lang es auch geht,
irgendwann kommt immer das Ende vom Lied.

Mach es gut, wir sehen uns wieder.
Mach es gut und komm gut rüber.
Bestell dem Herrgott einen schönen Gruß,
ob es wirklich nötig war,
dass du so früh gehen musstest.

5.4 Mysterium schlägt Moral, oder: Vom innersten Kern der Religion und seinem Ausdruck in der Liturgie

Neulich lief, als ich im Auto unterwegs war zu einem Auftritt, ein Herbert-Grönemeyer-Lied im Radio. Ich muss sagen, dass ich diesen Mann klasse finde. Er ist mir schon allein deswegen sympathisch, weil er genauso ausdrucksstark tanzt wie ich – nämlich wie ein spastischer Bär auf Ecstasy. (Wer an dieser Stelle meint, ich würde Spastiker diskriminieren, lese bitte noch einmal aufmerksam Kapitel 3.4 »Ein Hoch auf politisch inkorrekte Witze«.) Vor allem aber schätze ich Grönemeyer als hervorragenden Musiker und Komponisten und auch für seine oft starken Wortbilder. Zwei Fälle sind mir allerdings bekannt, wo sich dieser Wortakrobat verturnt hat.

Fall eins: »Kinder an die Macht«. Für dieses Lied aus den 1980er-Jahren, mit dem er nach eigener Aussage eigentlich nur etwas Heiteres hatte schreiben wollen, hat Grönemeyer schon genug Prügel von Psychologen einstecken müssen, als dass ich das hier in aller Ausführlichkeit ausbreiten müsste. Nur so viel: Statt Armeen aus Gummibärchen und Panzern aus Marzipan würden bei Kriegen, in denen Kinder an der Macht sind, die stärksten Waffen überhaupt eingesetzt – einfach, weil die am lautesten knallen. Aber Grönemeyer ist nicht allein in der romantisierenden Annahme, Kinder wären gut und vernünftig und würden sich erst im Laufe der Zeit davon entfernen und sich verbiegen lassen, bis sie dumme, berechnende Erwachsene sind. Auch der hier schon mehrfach zitierte Liedermacher Reinhard Mey auf »Über den Wolken« singt, dass Kinder als Riesen geboren werden. Mit jedem weiteren Tag ihres Lebens würden sie dann kleiner gemacht. Ein Blödsinn, der sich so hartnäckig hält, dass es im Bergischen sogar einen katholischen Kindergarten gibt, der »Kleine Riesen« heißt. Und wo wir gerade bei Blödsinn sind: Wann haben wir eigentlich damit angefangen, dass Kindergärten nicht mehr nach dem Heiligen ihrer Gemeinde heißen, sondern bescheuerte Namen bekommen wie »Mobile« oder »Kleine Riesen«? Kinder sind keine Riesen! Riesige Möglichkeiten sind in ihnen angelegt, das ja. Und die gilt es mit der Erziehung zur Entfaltung zu bringen. Aber ich wollte in dem Punkt ja nicht zu ausführlich werden ...

Der zweite Fall, in dem sich Herbert Grönemeyer meiner Meinung nach vertextet hat, ist das Lied »Ein Stück vom Himmel«. So überzeugt ich beim Refrain mitsingen kann, dass wir alle in einem Boot sitzen, so laut möchte ich protestieren bei der Strophe, dass Religionen zu schonen seien, weil sie nur für

Moral gemacht seien. Nein, sind sie nicht! Das ist eines von zwei Extremen, mit denen wir es heutzutage beim Missbrauch der Religion zu tun haben. Die einen nehmen – etwa, wenn sie die tridentinische Messe als einzig wahre Form akzeptieren – in Kauf, die Religion zum sich selbst abstaubenden Museum zu machen, das mit dem Leben der Menschen überhaupt nichts mehr zu tun hat. Und die anderen missbrauchen Religion für die Erziehung zur Moral.

Religion ist aber nur dann sinnvoll, wenn sie eben nicht eine vordergründige Anleitung zum moralisch guten Leben ist. Eine solche Anleitung gibt auch der Humanismus, und im Ergebnis unterscheidet sich seine Antwort nicht von der einer angewandten christlichen Sozial- und Gesellschaftslehre. Was wäre das auch für eine Hybris, was für eine Arroganz, wenn ich behaupten würde, Humanisten – auch die Atheisten unter ihnen – könnten nicht nächstenliebend sein? Natürlich können sie das! Und je nachdem, wie idealistisch sie sind, tun sie größere Werke der Nächstenliebe als viele Christen.

Moral und Sozialmoral gehören – so wichtig sie auch sind – nicht zum innersten Kern der Religion. Religion hat nur dann einen Sinn und die Möglichkeit, auf die Theodizee-Frage eine Antwort zu finden, wenn ihr Kern ist: »Leid und Finsternis und Tod haben nicht das letzte Wort.« Das beantwortet nicht die Frage nach dem Warum des Leidens, aber es schenkt Hoffnung. All ihr Mütter, die ihr um eure toten Kinder weint, die österliche Botschaft sagt euch: Eure Kinder sind nicht ins Nichts gegangen, ihr werdet sie wiedersehen.

Der Maler Markus Lüpertz, zum Katholizismus konvertiert, weil er dort in der Liturgie sein Bedürfnis nach Ästhetik und Sinnlichkeit besser befriedigt fand, hat das in einer Diskussion mit dem ehemaligen Kölner Generalvikar Dr. Dominik Meiering mal so auf den Punkt gebracht: Wenn ich heute in die Messe gehe, meinte er etwas provozierend, dann höre ich in der Predigt von einfachen Leuten und ihren finanziellen Sorgen und ehelichen Problemen. Da müsse sich Kirche nicht wundern, wenn die Menschen wegblieben. »Das interessiert doch keinen«, so Lüpertz. »Das habe ich im Fernsehen, das habe ich zu Hause. In der Kirche will ich dem Mysterium begegnen.« Und der Kern dieses Mysteriums ist doch, so meine ich: In jenem Rabbi aus Nazareth zeigt ein Mensch, der göttlich ist, dass der Tod nicht das Ende ist. Dass er nur ein Durchgang ist. Dass wir nur die Räume wechseln.

Ich glaube, bis zu einem gewissen Grad hat Lüpertz Recht, und vor lauter Klimaschutz und Armutsbekämpfung ist dieses Mysterium in letzter Zeit etwas ins Hintertreffen geraten – in der Verkündigung der Frohen Botschaft ebenso wie in der Liturgie. Der Theologe Guido Rodheudt schreibt in einer kleinen Abhandlung über »Pastoralliturgie« unter der Überschrift »Der Verlust des Mysteriums«: »Wir stellen also fest, dass die neuere Entwicklung im Hinblick auf die Liturgie etwas mit einer grundsätzlichen Traditionsvergessenheit zu tun hat und außerdem mit einem abhanden gekommenen Verständnis für das Unerklärbare, das Mysterium. Die Entmythologisierung der Welt und auch des Kultes gehen Hand in Hand. Sie verstellen unter dem Vorwand der Verbesserung der Weltzugänge eben diesen Zugang, indem sie die Welt erklären, da, wo sie nicht erklärt werden kann. Damit hat die Aufklärung in ihrem Drang, die gesamte Wirklichkeit vor dem Gerichtshof der

Vernunft aufparadieren zu lassen, dort ihren letzten und zugleich vernichtendsten Sieg errungen, wo sie das grundsätzlich uneinholbare Mysterium des Kultes seiner angemessenen Hülle heiliger Formen entkleidet, um es näherzubringen. Die Nähe aber ist es, die das Geheimnis vernichtet. Die Distanz vor dem Numinosen hingegen verhilft zur Erkenntnis, dass der Mensch nichts weiß, sondern nur staunen kann vor dem, was ist.«

Bevor ich weitermache, sei kurz gesagt: Ich stimme nicht mit allem überein, was Rodheudt zur Pastoralliturgie ausführt. Schon mit der Ableitung des Begriffes »Pastoral« vom Bild des guten Hirten ist für ihn zum Beispiel eines völlig ausgeschlossen: »Dass nämlich die Herde besser weiß, was gut für sie ist, als der Hirte es weiß«. Pastoral ist deshalb für Rodheudt etwas ganz und gar Erzieherisches. Der Hirte hat für ihn die Aufgabe, mit Kenntnis und Leidenschaft und auch Strenge »die Gläubigen als Herde Christi zu formen und sie auf ihrem Weg in die Ewigkeit nicht bloß zu begleiten, sondern zu führen«. Ich muss sagen: Da macht sich bei mir doch ein gewisses Unbehagen breit, und ich höre wieder, wie nach einem Vortrag in Borken mal eine alte Westfälin zu mir kam und in tiefstem Platt sagte: »Das hab ich selbst noch gehört, wie ein Adeliger mal zum Herrn Pastor sagte: Halt du sie dumm, ich halt sie arm.«

Wenn wir über das Bild des guten Hirten reden, dann halte ich mich lieber an den großartigen indischen Philosophen, Psychotherapeuten und Jesuiten Anthony de Mello, von dem es folgende Geschichte gibt: Ein Schäfer wacht über seine Herde. Immer wieder entwischt aber durch ein Loch im Zaun eines der Schafe und bringt sich somit in große Gefahr. Trotz des Drängens seiner Freunde, das Loch im Zaun doch endlich zu schließen, weigert sich der Hirte beharrlich, das zu tun. »Ich darf das Loch nicht schließen«, sagt er. »Ich muss meinen Schafen die Freiheit schützen!«

Apropos Schafe: Auf einer großen Weide bei Köln hütet ein Schäfer mit seinem Hund eine große Schafsherde. Kommt ein Wanderer vorbei und sagt: »Ich bin ein ziemliches Genie im Schätzen. Was geben Sie mir, wenn ich Ihnen aus dem Stand die exakte Anzahl Ihrer Tiere nenne?« Der Schäfer antwortet: »Wenn Sie das schaffen, dann dürfen Sie sich ein Schaf aussuchen und mitnehmen.« Und tatsächlich: Der Wanderer gewinnt; er nennt exakt die richtige Anzahl, geht stolz in die Herde und nimmt ein Tier auf seine Schulter. »Stopp!«, ruft der Schäfer. »Ich hab noch eine Frage. Kann es sein, dass Sie aus Düsseldorf kommen?« »Stimmt«, antwortet der Fremde, »woher wissen Sie das?« Der Schäfer schüttelt fassungslos den Kopf und sagt: »Sie haben den Hund mitgenommen!«

Ich gebe Guido Rodheudt recht, dass es in der Liturgie das Mysterium unbedingt braucht. Für mich heißt das aber nicht, dass wir jetzt alle zurückkehren sollen zur vorkonziliaren tridentinischen Liturgie, sondern dass es – wie bei so vielem – einer gesunden Mischung bedarf. Statt des diabolisch Trennenden bedarf es des Verbindenden. Man darf das progressive und das konservative »Lager« nicht gegeneinander ausspielen, sondern muss die Argumente beider Seiten ernst nehmen. Dann wird man feststellen, dass es gar keine unvereinbaren Gegensätze sind, die einem da begegnen – weder in der Diskussion um neue pastorale Wege noch in Bezug auf die Liturgie –, sondern dass es Dinge sind, die sich sinnvoll ergänzen. Denn wir brauchen doch beides: Verstand und Emotionen, Realitätsbezug und Mysterium!

Und in der heiligen Messe haben wir genau das auch angelegt: Im Wortgottesdienst ist Raum für das Gemeinschaftsbetonende, das Lebensnahe, das Intellektuelle, wegen mir auch das Politische. Das Evangelium ist oft aufrüttelnd und unbequem. Aber dieser Wortgottesdienst muss hineinfließen in einen mystischen Teil, der einen auf emotionaler Ebene anspricht. Auch ein Kind, auch ein Mensch, der die Sprache nicht versteht, in der die Messe gefeiert wird, muss mitbekommen: Da passiert jetzt etwas, das im Letzten nicht in Worte zu fassen ist, sondern nur gefühlt werden kann. Da passiert jetzt etwas, was mir erzählt von einer Welt, die alles übersteigt.

Ich habe das fühlen dürfen als Kind, dieses faszinierende Geheimnis. Wenn der Priester in barocken Gewändern in Weihrauchschwaden gehüllt das Hochgebet anstimmte, dann hat sich eine Ahnung dieser anderen Dimension in mein Herz gesenkt. Aber – so der berechtigte Einwand eines Pastoralreferenten, mit dem ich einmal darüber sprach –, ich hatte als Kind auch noch kein iPad. Wenn die jungen Leute heutzutage eintauchen in die Welt des Internet, dann tun sich ganz andere faszinierende, geheimnisvolle Welten auf. Das »theatrum sacrum« finden sie dann allenfalls befremdlich, oft langweilig, manchmal gar lächerlich. Die Frage ist: Wie kann man für diese, so anders sozialisierte Generation das Mysterium zum Leuchten bringen?

Darauf eine Antwort zu finden, ist ganz entscheidend, denn sonst kommt man schneller, als einem lieb ist, an einen Punkt, den die Autorin Petra Morsbach in ihrem Roman »Gottesdiener« (Frankfurt 2004) in einem Gespräch zwischen einem Mann aus der ehemaligen DDR und dem Pfarrer Isidor so in Worte fasst:

Nachdem Isidor gezahlt hatte, fragte Beneke: »Bitte nehmen Sie mir die Frage nicht übel, aber ... glauben Sie wirklich, dass der Keks ... in Ihren Veranstaltungen ... der Leib Christi ist?«

Isidor musste so lachen, dass ihm die Tränen in die Augen traten. Er wollte etwas trinken, um wieder zur Besinnung zu kommen. Das Mineralwasser bitzelte ihm in der Nase, und er stellte das Glas gerade rechtzeitig ab, bevor ein neuer Lachanfall ihn gegen die hölzerne Banklehne warf. Beneke beobachtete ihn verwundert.

»Ja«, lachte Isidor. »N-natürlich glaube ich das.«

»Was ist daran natürlich?«, fragte Beneke vorsichtig.

»Vielleicht ist es auch übern-natürlich?«

»Ist es der Leib Christi?«

»Jesus sagte beim letzten Abendmahl: NEHMET UND ESSET ALLE DAVON: DAS IST MEIN LEIB, DER FÜR EUCH HINGEGEBEN WIRD! Und wir glauben, dass das immer dann W-wirklichkeit wird, wenn ein Priester diese Worte im Namen Jesu Christi und seiner Kirche spricht.«

»Warum soll es denn Wirklichkeit werden?«

»TUT DIES ZU MEINEM GEDÄCHTNIS! hat Jesus gesagt. Wir tun es zu s-seinem Gedächtnis.«

»Sie beten also einen an, der vor zweitausend Jahren behauptet hat, er verwandle sich jeden Sonntag in einen Keks?«

Das Geheimnis dieser Verwandlung spürbar zu machen, das ist Aufgabe der Liturgen. Und wenn Jürgen Becker sagt – als Agnostiker kann er sich das erlauben, ohne sich dem Verdacht auszusetzen, Lefebvre-Anhänger zu sein: »Die ganze Zeit, wenn der Priester da hinter seinem Tisch steht und mich anguckt, habe ich das Gefühl, einem Fernsehkoch zuzuschauen«, dann ist diese Aufgabe nicht erfüllt! Auch der alte Zyniker Harald Schmidt sagt übrigens: »Ich kann es nicht mehr ertragen, in einen Gottesdienst zu kommen, wo vorne jemand unter dem Abspielen von Rolf-Zuckowski-Liedern mir den Klimawandel tanzt.« Recht hat er. Selbst ein Kindergottesdienst muss so gestaltet sein, dass die Kinder vom Innersten her spüren: Das ist etwas anderes als der Stuhlkreis im Kindergarten. Wie dichtete Hilde Domin über »Die Heiligen« (Gesammelte Gedichte, Frankfurt 1987)?

Sie sind müde, aber sie bleiben,
der Kinder wegen.
Sie behalten den goldenen Reif auf dem Kopf,
den goldenen Reif,
der wichtiger ist als die Milch.
Denn wir essen Brot,
aber wir leben von Glanz.
Wenn die Lichter angehn
vor dem Gold,
zerlaufen die Herzen der Kinder
und beginnen zu leuchten
vor den Altären.
Und darum gehen sie nicht:

damit es eine Tür gibt,
eine schwere Tür
für Kinderhände,
hinter der das Wunder
angefaßt werden kann.

Wir brauchen diese Tür! Denn wir essen Brot, aber wir leben von Glanz! Gerade weil ich ein Verfechter dieses Glanzes bin, hat mich ein Shitstorm schwer getroffen, der in der vergangenen Karnevalssession über mich hereinbrach nach einem Fernsehbeitrag der WDR-Lokalzeit Aachen über die Karnevalsmesse in Heinsberg. Was war passiert? In Heinsberg gab es ein »klerikales Dreigestirn« aus zwei katholischen Priestern und einem evangelischen Kollegen. Deren Anfrage, bei ihrer Karnevalsmesse die Predigt zu halten, habe ich gerne angenommen, denn wer mich kennt, weiß: Ich tue alles, um die erlösende Botschaft Jesu unter die Menschen zu bringen. Und niemals, außer vielleicht an Weihnachten, hat man mehr Kirchenferne vor sich als bei einer Karnevalsmesse.

In meiner Predigt habe ich deswegen zum Beispiel gelobt, dass man kein spezielles, zum Anlass vielleicht besser passendes Evangelium ausgewählt hatte, sondern die Schriftlesungen des Tages nahm mit dem Evangelium vom Austreiben der Dämonen und von der Heilung der Schwiegermutter des Petrus. Das ist ja ein Aspekt der Liturgie, in dem das Weltumspannende und -verbindende des Katholischen schön zur Geltung kommt: Dieses Evangelium, so konnte ich den Leuten mitgeben, verbindet an diesem Sonntag den jungen Kaplan in Massachusetts mit dem Papst in Rom, mit dem alten Missionar im

Hochland von Peru und eben auch mit den Karnevalisten in Heinsberg.

Das hat der WDR aber ebenso wenig gesendet wie meine Erklärung, dass Dämonen nicht als gehörnte Gespensterwesen verstanden werden müssen, sondern dass man darin das Unheimliche sehen kann, was nun mal die Welt durchweht. Wenn jemand etwa in einem Rausch der Aggression, in einem Rausch des Hasses, in einem Rausch des Bösen Dinge tut, die eigentlich unvorstellbar sind, dann sind da dämonische Kräfte am Werk. Insofern ist man mehr Realist, wenn man Dämonen – so verstanden – nicht leugnet, als wenn man sie abtut mit »Alles Märchen, alles Quatsch«. Und auch den Dämon Tod können wir nicht einfach leugnen. Die Frage ist: Wie gehe ich damit um? Zum Beispiel, so predigte ich, indem ich mich begeistern lasse von diesem Rabbi aus Nazareth, von dem das Evangelium berichtet, dass er in göttlicher Vollmacht handelte und Dämonen austrieb. Auch in unserem Leben kann dieser Rabbi nämlich mit seiner Botschaft das Dämonische vertreiben.

Auch auf die Heilung der Schwiegermutter des Petrus bin ich theologisch eingegangen. Mag sein, dass all das dem WDR zu fromm war. Einen Sprecher aus dem Off ließ man jedenfalls in dem Lokalzeit-Beitrag sagen: »In seiner Predigt, die wie zu erwarten karnevalistisch angehaucht war, rief er dennoch ernsthaft zur Abschaffung des Zölibats auf.« Hallo? Was ich gesagt habe, ist: »Es macht mir eine diebische Freude bei der ganzen Zölibatsdiskussion, die manchmal so verbissen geführt wird, als ginge es da um Heil oder Unheil, darauf hinzuweisen: Wenn Petrus, auf den die Kirche als Fels gebaut ist, eine

Schwiegermutter hatte, dann hatte er auch eine Frau.« Würde ich Jugendsprache benutzen, könnte ich glatt anfügen: isso!

Meine Bemerkung über den Zölibat war für viele konservative Katholiken aber eh nur einer von vielen Punkten, darunter auch ein Auftritt der Tanzgarde in der Kirche, die sie etwa in den Kommentaren auf kath.net von einer »Entwürdigung des Altarraums« sprechen ließen, einem »gotteslästerlichen Spektakel«, von »Gräuel am Heiligen Ort« und »anthropozentrischem Missbrauch von Ort und Form«. »Der Zuschauer konnte sehen, wie im Altarraum der Kirche St. Gangolf [...] während einer Messfeier akrobatische Einlagen geboten wurden«, fasste kathnews.de die Steine des Anstoßes zusammen. »Zwei Priester traten zusammen mit einem evangelischen Pfarrer in Kostümen des Dreigestirns in Erscheinung. Ein Diakon stellte in der Predigt den Zölibat in Frage und spendete dem evangelischen Pfarrer die heilige Kommunion. Zu hören waren Karnevalslieder, Lachen und Klatschen der Anwesenden.«

Was die Kommunionausteilung angeht, muss ich sagen: Ich habe in dem Moment nicht registriert, dass es der evangelische Geistliche war, der da vor mir stand. Und in Sachen Akrobatik – kath.net monierte auch die »hochfliegenden kurzen Röckchen« – im Altarraum: Die Garde hat – anders, als es der Zusammenschnitt des WDR vermittelte – nicht in, sondern vor der Messe getanzt, und die Lieder und Dankesworte des geistlichen Dreigestirns waren nach der Messe. Aber selbst, wenn ... hat nicht auch David vor der Bundeslade getanzt (2 Samuel 6,14)? Und in der Laudes wenige Tage nach der Messe in Heinsberg sprangen mir die Worte des Psalmisten ins Auge und ins Herz: »Mein Herz ist bereit, o Gott, ich will dir singen und spielen. Wach auf, meine Seele! Wacht auf, Harfe und Saitenspiel!« Und im zweiten Antiphon hieß es: »Sie kommen und jubeln auf Zions Höhe, sie strahlen vor Freude über die Gaben des Herrn [...] Dann freut sich das Mädchen beim Reigentanz, Jung und Alt sind fröhlich.«

Religion macht, wenn sie gut und richtig verstanden wird, gesund, macht frei und froh, weil sie dich zu dir selbst bringt und weil sie dich über die Dinge stellt. In diesem Sinne ist der Karneval – jedenfalls: wenn er gut und richtig verstanden und gelebt wird – ihr kleiner Bruder, und deswegen habe ich nichts gegen Karnevalslieder in einer Kirche, gegen Lachen und Klatschen in einer Messe. Aller Frohsinn darf aber meiner Meinung nach nicht den mystischen Glutkern der Eucharistie verdunkeln.

Und gerade weil ich das so sehe, hat mich eine Reaktion im Nachgang zu der Heinsberg-Geschichte mehr getroffen als alle boshaften Beschimpfungen auf kath.net zusammen, nämlich eine Nachricht von dem schon zitierten Guido Rodheudt, den ich unter anderem seines hohen Intellekts wegen sehr schätze, auch wenn ich nicht alle seine Positionen teile. »Mir geht es gar nicht so sehr um Grenzüberschreitungen«, schrieb er mir. »Mich hat es nur unendlich traurig gemacht zu sehen, wie das Heilige dort zugunsten von Trallala und Hopsassa gar nicht mehr zu sehen war. Ich habe dich immer als einen aufrechten Vertreter von klarer Lehre und auch des notwendigen Sakralen erlebt. Und ich frage mich, wie du dort so Wasser auf die Mühlen derer gießen konntest, die nichts verstanden haben von dem, was Tradition, Konzil und nicht zuletzt der von dir so verehrte Papst Benedikt verbürgen. Dass nämlich Gott eine Form braucht, die

ihn als Gott erkennen lässt. [...] Hier geht es nicht um tridentinische Quisquilien, hier geht es um das, was seit 2.000 Jahren in
Ost und West Liturgie ist: ein Mysterium tremendum!«

Autsch, das saß! Denn Rodheudt hat ja recht. Liturgie
muss, wie ich Josef Ratzinger ja schon zitiert habe, das Mysterium zum Leuchten bringen. Und das tut eine Karnevalsmesse sicher nur bedingt, aber auch sie hat, wie ich finde, ihre
Berechtigung. Denn wenn wir uns in der Liturgie der Heilig-
keit Gottes nähern, geht es nicht nur um das von Rodheudt
angeführte »Mysterium tremendum«, das Geheimnis, das Zit-
tern und ehrfürchtiges Erschauern auslöst, weil Gott so unfassbar und damit irgendwie auch bedrohlich ist, sondern es geht
auch um das »Mysterium faszinosum«, das Geheimnis, das fas-
ziniert und begeistert und entzückt. Und ich finde es nicht
verwerflich, in einer Messe, in der viele Menschen sitzen, die
sonst nicht oder nur ganz selten zur Kirche gehen, dieses faszinierende Moment in den Vordergrund zu stellen. Mag auch
die tiefste Form der Liturgie die mystische sein, »auf dem Weg
dorthin hin gibt es viele Formen, um das Netz des Menschenfi-
schers überreich zu füllen«, habe ich geantwortet. Und das Ge-
genargument von Guido Rodheudt will ich nicht gelten lassen,
der schrieb: »Weißt du, es ist eben so, dass diejenigen, die du
da ehrenwerterweise ›einfangen‹ willst, am Ende (das ist meine
Erfahrung) nicht für Gott begeistert sind, sondern allenfalls für
sich selbst und für ihren Weg, den sie so toll finden und den
wir denen bestätigen, wenn wir die Kirche zum Gürzenich machen.« Da schwingt mir zu viel Überheblichkeit mit. Wer bin
ich – zu urteilen, ob und wofür die Menschen sich tatsächlich
begeistern lassen?

Das gilt meines Erachtens auch in der Frage der heiligen Kommunion. Ich bin grundsätzlich kein Verfechter der Interkommunion, aber ich maße mir auch nicht an, sie jemandem zu verweigern. Rodheudt schrieb mir: »Es war für mich ein schockierender Dammbruch zu sehen, wie Du dem evangelischen Pfarrer die heilige Kommunion gereicht hast. Auch das ist ein Dammbruch für die vielen, die den Leib des Herrn weder verstehen, noch glauben, noch wirklich anbeten, um ihn mitzunehmen wie einen Keks, der uns Gemeinschaft symbolisiert. Die Szenerie war so schlimm, dass ich mich gefragt habe, wieso ihr da überhaupt Eucharistie gefeiert habt, die unblutige Vergegenwärtigung des Kreuzesopfers Christi?! Man kann dieses Wunder nicht schunkelnd feiern, sorry. Oder man muss konsequent sein und Puffel austeilen …« Daraufhin habe ich geantwortet: »Ich hab gar nicht mitbekommen, dass es der evangelische Pfarrer war, dem ich die Kommunion gereicht habe. Aber selbst, wenn ich es gewusst hätte, hätte ich sie ihm nicht verweigert. Gott ist ja größer als wir alle, und wir können seine Würde gar nicht schützen. Zu glauben, das läge an uns, ist ja blasphemisch, und diese Verantwortung hielte kein Mensch aus.«

5.5 Lasst die Kirche im Dorf, oder: Ein Plädoyer für anbetendes Staunen

Wie gesagt: Ich finde auch, dass Gott eine Form braucht, die ihn als Gott erkennen lässt. Außerdem, so meine ich, braucht es Räume, die uns helfen, Gott zu erkennen oder besser: zu erahnen. Die Sehnsucht nach Gott braucht einen Ort. In der Frage, wie wir bei sinkenden Priesterzahlen mit unseren Kirchengebäuden umgehen, sehe ich deshalb eine der größten Herausforderungen der katholischen Kirche in Westeuropa.

Welche Bedeutung eine Kirche haben kann, auch für diejenigen, die nicht zu den klassischen Kirchgängern zählen, hat der Schriftsteller Hanns-Josef Ortheil in seinem Roman »Das Kind, das nicht fragte« (München 2012) zum Ausdruck gebracht, als er den Protagonisten Benjamin Merz im Dom der sizilianischen Stadt Mandlica darüber reflektieren lässt, wie ihm der Gang in die Kirche in schwierigen Zeiten Trost und neuen Mut gegeben hat, und wie er in der Gemeinschaft mit den Gläubigen in Gebet und Gesang seine Stimme wieder neu erheben konnte.

Da wir immer weniger Priester haben, wird es immer schwieriger, in allen Kirchen sonntags Eucharistie zu feiern. Das ist nicht schön, aber wie der Kölner sagt: »Et es wie et es«. Die Frage ist: Wie gehen wir damit um?

Modell eins: Wir konzentrieren uns auf bestimmte »zentrale« Kirchen und machen die anderen dicht. Die Menschen sind heutzutage schließlich mobil und fahren munter von A nach B zum Einkaufen, ins Kino, zum Arzt … warum nicht auch zur Kirche? Weil, so lehrt die Erfahrung, das Kirchengebäude identitätsstiftend ist. Fast alles ist schon aus den Dörfern verschwunden – als letztes und schlimmstes die Kneipe. Wenn jetzt auch noch die Kirche verschwindet, dann bleibt nichts mehr, was dem Menschen am Ort Halt gibt in seiner Sehnsucht nach Heimat, nach Aufgehobensein und Geborgenheit. Dort, wo meine Eltern geheiratet haben, wo ich zur Kommu-

nion und vielleicht zur Firmung gegangen bin, wo auf dem
»Kirchhof« meine Oma begraben liegt und wo ich unzählige
Male schon Gottesdienst habe feiern dürfen – gut gelaunt oder
schlecht gelaunt, das Herz voll Freude oder voll Angst, in Gedanken ganz beim Herrn oder furchtbar abgelenkt –, dort bin
ich zu Hause. Der Kirchturm, der das Ortsbild prägt und als
Fingerzeig nach oben weist, wo meine eigentliche Heimat ist,
er verbindet Himmel und Erde, mein ewiges und mein irdi-
sches Zuhause. Es lohnt sich also unbedingt, die Kirche im
Dorf zu lassen. Wie aber bekomme ich sie dann durch eine
sonntägliche Eucharistiefeier belebt?

Modell zwei: Wir schaffen das Pflichtzölibat ab und weihen
»viri probati«, bewährte Männer, zu Priestern – von Frauen
wage ich hier gar nicht zu reden, weil der ein oder andere dann
wahrscheinlich reanimiert werden müsste vor Schreck. Kir-
chenrechtlich möglich wäre es, das Pflichtzölibat abzuschaffen,
und ich glaube, dass das früher oder später auch kommen wird.
Allerdings glaube ich auch, dass es mit ziemlicher Sicherheit
eher »später« als »früher« sein wird – vermutlich noch nach der
Inbetriebnahme des Berliner Flughafens. Für den Erhalt der
Sonntagsgottesdienste in unseren Kirchen hilft dieses Modell
jetzt also wenig.

Ich plädiere deshalb für Modell drei: Wo kein Priester da
ist, feiern wir sonntags einen priesterlosen Gottesdienst. Eigentlich müsste ich jetzt hier ein Bild einfügen von Edvard
Munchs »Der Schrei«. Denn ich höre förmlich das Entsetzen
vieler Leser. »Willibert!«, höre ich sie rufen, »willst du eine Kir-
chenspaltung? Wir brauchen die Eucharistiefeier! Du kannst
der katholischen Spiritualität doch nicht das Herz rausreißen!«

Nein, will ich auch gar nicht. Im Gegenteil: Ich möchte es ihr bewahren. Wer aber sagt denn, dass eine Eucharistiefeier immer die klassische Form haben muss, in der ein Priester in persona Christi Brot und Wein wandelt?

Wir haben doch in der katholischen Liturgie seit Jahrhunderten die Verehrung dieses Herzstückes, dieses Glutkerns unseres Glaubens in der eucharistischen Anbetung. Christus ist in der Eucharistie gegenwärtig als Sonne meines Lebens. Und er bleibt diese Sonne, die Licht bringt in alle Ängste, Sorgen und Dunkelheiten meines Lebens auch dann, wenn ich ihn nicht wöchentlich in der Kommunion in mich aufnehme. Davon hängt doch die Strahlkraft der Eucharistie nicht ab! Warum sonst haben viele Monstranzen die Form einer Sonne? Warum sonst haben wir in unseren Kirchen kostbar gestaltete Tabernakel? Warum sonst sind diese wie ein Tresor fest verschlossen, damit das Allerheiligste geschützt ist vor Vandalismus? Sogar der Vorhang, der hinter der Tür eines Tabernakels ist, hat damit zu tun: Er erinnert nämlich an den Vorhang, mit dem im Tempel von Jerusalem die »Herzkammer« mit der Bundeslade vom eigentlichen Tempelraum abgetrennt war. Nur einmal im Jahr durfte der Hohepriester diesen heiligen Bereich betreten – und er war dabei mit einem Seil gesichert, denn es war ja nicht abzusehen, was passieren würde, wenn er dem Allerheiligsten, dem Göttlichen, so nahekam.

Wenn die Eucharistie nun aus dem Tabernakel geholt und zur Anbetung in einer Monstranz ausgestellt wird, dann ist damit auf geheimnisvolle Weise Jesus gegenwärtig. Schönere Worte als Thomas von Aquin hat meiner Meinung nach noch kein Mensch dafür gefunden:

Gottheit tief verborgen, betend nah ich dir.
Unter diesen Zeichen bist du wahrhaft hier.
Sieh, mit ganzem Herzen schenk ich dir mich hin,
weil vor solchem Wunder ich nur Armut bin.

Augen, Mund und Hände täuschen sich in dir,
doch des Wortes Botschaft offenbart dich mir.
Was Gott Sohn gesprochen, nehm ich glaubend an;
er ist selbst die Wahrheit, die nicht trügen kann.

Einst am Kreuz verhüllte sich der Gottheit Glanz,
hier ist auch verborgen deine Menschheit ganz.
Beide sieht mein Glaube in dem Brote hier;
wie der Schächer ruf ich, Herr, um Gnad zu dir.

Kann ich nicht wie Thomas schaun die Wunden rot,
bet ich dennoch gläubig: »Du mein Herr und Gott!«
Tief und tiefer werde dieser Glaube mein,
fester lass die Hoffnung, treu die Liebe sein.

Denkmal, das uns mahnet an des Herren Tod!
Du gibst uns das Leben, o lebendig Brot.
Werde gnädig Nahrung meinem Geiste du,
dass er deine Wonnen koste immerzu.

Gleich dem Pelikane starbst du, Jesu mein;
wasch in deinem Blute mich von Sünden rein.
Schon ein kleiner Tropfen sühnet alle Schuld,
bringt der ganzen Erde Gottes Heil und Huld.

Jesus, den verborgen jetzt mein Auge sieht,
stille mein Verlangen, das mich heiß durchglüht:
lass die Schleier fallen einst in deinem Licht,
dass ich selig schaue, Herr, dein Angesicht.

Liturgie ist im Tiefsten Anbetung und Staunen. Staunen ob
der Erkenntnis: Die Atheisten haben nicht recht! Es gibt eine
Welt, die die unsere umfängt – und zwar mit Liebe! Und dieses Staunen ist, ganz lapidar formuliert, mit und ohne Priester möglich. Mein Vorschlag, dem Priestermangel zu begegnen
und gleichzeitig die Kirchengebäude zu erhalten, ist deshalb:
Dort, wo sonntags kein Priester ist, soll die Gemeinde trotzdem einen Gottesdienst feiern. Und zwar keinen reinen Wortgottesdienst – wer hat, »gut katholisch sozialisiert«, nach einem
evangelischen Gottesdienst nicht das Gefühl »Da fehlt doch
die Hälfte?!« –, sondern einen, an den sich ein zweiter Teil der
eucharistischen Anbetung anschließt. Denn im Katholischen
steht eben nicht allein das Wort im Mittelpunkt, sondern »das
Wort ist Fleisch geworden«. Wie die Liturgie dieser Feier im
Einzelnen zu gestalten ist, damit müssen sich die Liturgen
auseinandersetzen. Seid kreativ! Inszeniert! Bringt das Mysterium zum Leuchten! Und verzichtet bitte auf jede Art von »Re-
gietheater«, denn das macht den Zauber kaputt, der das Herz
berührt. Da bin ich wieder ganz bei Guido Rodheudt und
seiner »Pastoralliturgie«. »Das ›heilige Theater‹ verträgt keine
hörbaren Regieanweisungen«, schreibt er dort, »es will nicht
belehren, es will ganz und gar in der heiligen Handlung aufgehen und sich um seiner selbst willen entfalten.« Auch ohne
Erklärung »aus dem Off« muss jedes Kind in der Liturgie spü-

ren: Hier vollzieht sich gerade ein Geheimnis, so unermesslich groß, dass selbst die Erwachsenen nur staunen können.

Eine solche Form des priesterlosen Gottesdienstes hätte meiner Meinung nach gleich mehrere Vorteile: Sie würde der oft ungesunden Priesterzentriertheit und Mann-Fixiertheit im Katholischen entgegenwirken, denn einem solchen Gottesdienst könnte jeder vorstehen, ob Mann oder Frau. Dabei würden die Priester in keinster Weise abgewertet, denn ohne sie gäbe es keine Eucharistie zur Anbetung. Vielleicht könnte die Eucharistie sogar von einem Altar kommen, wo ein Priester an diesem Sonntag die Wandlung vollzogen hat. In einer Prozession könnte sie dann in die Kirche gebracht werden, wo sie im priesterlosen Gottesdienst zur Anbetung ausgestellt wird. In dieser Anbetung wären übrigens – ein weiterer Vorteil – die Gläubigen solidarisch mit den Gemeindemitgliedern, die aus kirchenrechtlichen Gründen nicht zur Kommunion gehen dürfen. »Sie können ja geistig kommunizieren«, heißt es zum Beispiel immer wieder in der Diskussion um wiederverheiratete Geschiedene. Stimmt – und im priesterlosen Gottesdienst würden das alle tun.

Vielleicht würde das sogar dazu führen, dass die Menschen das Geschenk der Kommunion wieder stärker wertschätzen, wenn es nicht mehr in jedem Sonntagsgottesdienst selbstverständlich »verfügbar« ist. Die Liturgie des priesterlosen Gottesdienstes müsste so gestaltet sein, dass man richtiggehend Hunger und Durst danach bekommt, Gott wieder in sich aufnehmen zu dürfen. Dabei bin ich übrigens – bitte keinen Schock bekommen, liebe Leserinnen und Leser – für die Wiedereinführung von Kommunionbänken. Damit sollen nicht alle dazu verdonnert werden, Mundkommunion zu machen, sondern alle sollen die Symbolik erfahren können: Ich gehe dem Göttlichen entgegen und stelle mich an einer Schranke auf, die überwunden wird durch Jesus Christus in Gestalt der Hostie. Er ist es, der den heiligen Bereich des Göttlichen mit dem profanen Bereich (»pro fanum« = vor dem Heiligen) des Menschlichen verbindet. Denn mal ehrlich: Wer sieht die Kommunion denn heute noch als etwas an, für das es sich zu sterben lohnt wie einst der junge Tarcisius?

Es war zur Zeit der ersten großen Christenverfolgung. Wieder einmal hatte sich eine kleine Schar Gläubiger um ihren Priester versammelt – in irgendeiner Katakombe, irgendeinem Versteck, irgendeinem Geheimzimmer im Hause eines Christen. Nach der heiligen Messe sagte der Priester: Es gibt so viele, die nicht zu uns kommen können, aber sehnsüchtig nach der Eucharistie verlangen. Wer von euch ist bereit, den Leib des Herrn versteckt unter dem Gewand zu einem unserer kranken Brüder zu bringen? Unter denen, die ohne zu zögern aufzeigen, ist auch Tarcisius – ein schlaksiger Junge, zwölf, vielleicht dreizehn Jahre alt. »Tarcisius, es ehrt dich, dass du das tun würdest«, sagt der Priester. »Aber meinst du nicht, dass du noch etwas zu jung bist für diesen gefährlichen Dienst?« »Keineswegs«, antwortet Tarcisius keck. »Mein Alter ist doch meine beste Tarnung. Bei einem Erwachsenen mögen die römischen Schergen Verdacht schöpfen, aber bei mir?« »Nun gut, dann soll es so sein«, entscheidet der Priester. »Sei du der Bote für den Leib unseres Herrn.« Behutsam wird das geweihte Brot in ein Tuch eingeschlagen und unter Tarcisius' Gewand versteckt. Stolz macht sich der Junge auf den Weg.

Noch keinen Kilometer ist er gegangen, als er auf ein paar Gleichaltrige trifft, die er vom Spielen kennt. »Hey, Tarcisius!«, rufen sie. »Wohin des Wegs? Komm, spiel eine Runde mit!« »Geht nicht«, sagt Tarcisius und will schon weitergehen, doch die Jungs haken nach. »Wie, geht nicht? Warum nicht?« »Keine Zeit.« »Was hast du denn vor?« »Nichts. Lasst mich in Ruhe.« Instinktiv zieht Tarcisius sein Gewand fester um sich, unter dem er das kostbare Gut an seinem Körper trägt. Neugierig kommen die Jungs näher und umringen Tarcisius. »Was hast du denn da?« »Nichts!« »Du versteckst doch was.« »Lasst mich!« Als einer der Jungs nach Tarcisius' Arm greifen will, weicht er aus, tritt einen Schritt zurück und dabei dem größten der vier fast auf die Füße. Der stößt ihn wieder vor. »Lasst mich!«, äfft er Tarcisius nach. Wie einen Ball schubsen die vier Tarcisius hin und her.

Aus Angst, den Leib des Herrn zu verlieren, wehrt Tarcisius sich nicht, was die anderen nur noch wütender macht. »Los, kämpfe!«, fordern sie ihn auf. Immer ruppiger werden die Stöße. »Wehr dich!« Ein Faustschlag trifft Tarcisius. Taumelnd stürzt der Junge zu Boden, doch anstatt sich abzufangen, umklammern seine Hände fest das heilige Brot. Unglücklich schlägt er mit dem Kopf auf und ein Geräusch wie das Bersten eines Tonkrugs lässt die Prügelnden abrupt in der Bewegung erstarren. Ungläubig schauen sie auf das Blut, das sich schnell seinen Weg bahnt durch die Fugen des Kopfsteinpflasters. »Nichts wie weg!«

Keine Spur mehr ist von ihnen zu sehen, als ein römischer Soldat Tarcisius wenige Minuten später findet. Erst als er sich über den Jungen beugt, der dort reglos am Boden liegt, erkennt er ihn. »Tarcisius?!« Es ist einer jener Soldaten, die schon

eine Weile heimlich Christen sind. »Tarcisius, was ist passiert?«
Mit Mühe öffnet Tarcisius die Augen. »Ich ... ich ... habe ihn
nicht hergegeben.« »Was? Wen hast du nicht hergegeben?«
»Den Leib des Herrn ... ich habe ihn nicht hergegeben.« Erschüttert hebt der Soldat den schlaksigen Jungen hoch und
trägt ihn auf seinen Armen in das nahegelegene Haus einer
Christin. Behutsam legt er den Sterbenden dort auf ein Bett
und kniet an seiner Seite nieder.

Jetzt erst lockert sich der Griff des Jungen, mit dem er nach
wie vor den Leib des Herrn fest umklammert hält. Ehrfürch-
tig löst der Soldat das Tuch aus Tarcisius' Hand, schlägt es auf,
nimmt das Brot heraus, zeigt es Tarcisius und sagt: »Siehe, der
Leib Christi!« Mit letzter Kraft antwortet der Junge: »Der Leib
unseres Herrn Jesus Christus bewahre meine Seele zum ewigen
Leben.« Und kurz nachdem Tarcisius das letzte Mal in seinem
jungen Leben kommuniziert hat, ist seine Seele zu Hause.

5.6 Der die Finsternis in Licht verwandelt, oder:
Fast ein Nachwort

Man muss aber gar nicht bis in die Anfänge des Christentums
zurückgehen, um Beispiele dafür zu finden, wie unermesslich
wichtig Menschen die Eucharistie war und ist. Im Vorwort ihres
Buches »Mit ganzem Herzen. Hinführung zur eucharistischen
Anbetung« (Leipzig 2012), schreibt etwa Anne Françoise Vater:

*Der Absatz seines linken Schuhs war der einzig sichere Platz, den
Joseph gefunden hatte, um die geweihte Hostie zu verstecken, die*

von einem Priester zu ihm ins Gefängnis geschmuggelt worden war. Joseph stammt aus Vietnam, wo er jahrelang aufgrund seines Glaubens im Gefängnis eingesperrt war. Täglich wurde seine Zelle durch die kommunistischen Wächter durchsucht, sogar die Bodenplanken wurden aufgehoben. So war ihm die Idee gekommen: der Schuhabsatz als Tabernakel! Nachts, wenn alles schlief, holte er die Hostie heraus, und die Mitgefangenen seiner überfüllten Zelle versammelten sich um Jesus, der diesen demütigen Weg auf sich genommen hatte, um mitten unter ihnen zu sein. Joseph und die anderen beteten Jesus an und riskierten dabei ihr Leben.

Als er in Frankreich, wo er nach seiner Freilassung Asyl gefunden hatte, am 4. August 1990 bei einem großen Pilgertreffen in Paray-le-Monial seine Geschichte erzählte und Zeugnis darüber gab, wie schön und kostbar die Nachtanbetung im Gefängnis war, schloss er seine Erzählung mit einem Gedicht, das er im Gefängnis geschrieben hatte. Es ist ein Gedicht, das auch in unsere persönlichen Dunkelheiten und Einsamkeiten hineinspricht und zugleich den Kern der eucharistischen Anbetung wunderbar erfasst:

Du kommst mich im Gefängnis besuchen, Herr,
in diesem schmutzigen und dunklen Ort ...
[...]
Mit Dir ist das Gefängnis nicht mehr Unglück und Kälte,
sondern schon hier auf Erden das Paradies.

Hätte er nicht schon vorher festgestanden – spätestens nach Lektüre dieses Gedichtes hätte ich diesem Buch seinen Untertitel gegeben: »Von der befreienden Kraft des Glaubens«.

Dass der Glaube tatsächlich zum Befreier aus dem Gefängnis werden kann, ist schon in der Apostelgeschichte zu lesen. Silas und Paulus sind ins Gefängnis geworfen worden, weil sie angeblich Unruhe in die Stadt gebracht haben. Dem Gefängniswärter wurde befohlen, sie in sicherem Gewahrsam zu halten, heißt es. »Auf diesen Befehl hin brachte er sie in die innerste Zelle und schloss ihnen die Füße fest in den Block. Um Mitternacht beteten Paulus und Silas und sangen Gott Loblieder; die Gefangenen hörten ihnen zu. Plötzlich entstand ein starkes Erdbeben, sodass die Grundmauern des Kerkers erschüttert wurden. Sofort sprangen sämtliche Türen auf und allen fielen die Fesseln ab. Der Kerkermeister erwachte, sah die Türen des Kerkers offen stehen, riss sein Schwert heraus und wollte sich töten; denn er meinte, die Gefangenen seien entflohen. Paulus aber rief mit lauter Stimme: Tu dir kein Leid an! Wir sind noch alle hier. Da rief er nach einem Licht, trat ein und fiel Paulus und Silas zitternd zu Füßen. Dann führte er sie hinaus und fragte: Ihr Herren, was muss ich tun, um gerettet zu werden? Sie antworteten ihm: Glaube an den Herrn Jesus, so wirst du samt deinem Haus gerettet werden. Da verkündeten sie ihm und allen seinen Hausgenossen das Wort des Herrn.« (Apostelgeschichte 16,24–32)

Diese Geschichte zeigt auch noch einmal: Es ist nicht entscheidend, ob sie historisch wahr ist oder nicht, ob es das Erdbeben wirklich gegeben hat oder nicht. Entscheidend ist, dass die Botschaft dieser Geschichte wahr ist: Paulus ist aus dem Gefängnis freigekommen. Der Glaube befreit!

Und er befreit auch dann, wenn es »nur« innerlich ist: Dietrich Bonhoeffer hat im Gefängnis »Von guten Mächten wunderbar geborgen« geschrieben. Alfred Delp schrieb aus dem Gefängnis: »Die Geburtsstunde der menschlichen Freiheit ist die Stunde der Begegnung mit Gott« und auch: »Der Mensch soll seine Freude so ernst nehmen, wie er sich selbst nimmt. Und er soll es sich und seinem Herzen und seinem Herrgott glauben, auch in der Nacht und in der Not, dass er für die Freude geschaffen ist.« Das Gefängnis ist die Parabel schlechthin für die Enge, die ein Mensch erfahren kann. Deshalb lässt auch Gilbert Keith Chesterton seine Schlüsselszene über das Verhältnis von Religion und Humor in einem Gefängnis spielen. Der Glaube an Gott sprengt wirklich Ketten, öffnet Verliese und lässt Gefängnistüren aufspringen. Und das gilt nicht nur für reale, äußere Gefängnisse, sondern auch für die unzähligen inneren Gefängnisse, in die wir – schuldig oder unschuldig – geworfen werden: Depression, Angst, Einsamkeit …

Von allen nicht zutreffenden Beschreibungen ist Gott am ehesten zu beschreiben als Liebe. Und die Liebe ist am ehesten zu beschreiben mit der unumstößlichen Zusage: Ich lass dich nicht allein. Du bist nicht dazu verurteilt, ins Nichts zu gehen, denn deine Seele ist frei. Sie ist unabhängig von jedem Gefängnis – dem Gefängnis eines ungerechten Staates, dem Gefängnis einer Krankheit, dem Gefängnis der Sterblichkeit. Mit dieser Perspektive des österlichen Glaubens kannst du schon heute allem entkommen, was dich gefangen nehmen will, denn das ist die radikalste Perspektive über den Dingen. Der große Gegenentwurf zur Trostlosigkeit, die der Atheismus unweigerlich mit sich bringt.

Archimedes forderte: Gebt mir einen festen Punkt und einen langen Hebel und ich kann die Welt aus den Angeln heben. Dieser Glaube an die Unsterblichkeit der Seele und das ewige Leben ist dieser feste Punkt, mit dem sich die Welt aus den Angeln heben lässt – auch die Welt der Verzweiflung, auch die Welt der Angst, auch die Welt der Schmerzen, auch die Welt des Todes!

Wer diesen Punkt gefunden hat, für dessen Leben hat das Konsequenzen – auch im Verhältnis zu seinen Mitmenschen. Josef Ratzinger hat dafür bewegende Worte gefunden in der »Missa Pro Eligendo Romano Pontifice«, also in der Messe, welche die Kardinäle gemeinsam vor der Papstwahl feiern. Wer opulente Bilder dazu im Kopf haben möchte, dem sei die Verfilmung des spannenden Thrillers »Illuminati« von Dan Brown empfohlen, diesem Meister der fantastischen Geschichtsklitterei. Cineastisch beeindruckend wird in diesem Film gezeigt, wie sich alle Kardinäle in einer Kirche im Vatikan zu eben jener Messe treffen und anschließend in einer mächtigen Prozession über die Flure und Treppen des Vatikans bis hin zur Sixtinischen Kapelle ziehen.

So wird es sich auch zugetragen haben an jenem 18. April 2005 nach dem Tod von Johannes Paul II. Die Kardinäle der Weltkirche hatten sich in der Patriarchalbasilika St. Peter versammelt, und als Prediger trat der Dekan des Kardinalskollegiums ans Mikrofon: Josef Ratzinger. Man kannte ihn – er war der Intellektuelle, der in einer unendlich scheinenden abendländischen Bildung mit auf höchstem Niveau geschliffener Theologie den Verstand der Menschen bewegen konnte. Genau das erwartete man auch in seiner Predigt »Pro Eligendo Romano Pontifice«. Und was tat Josef Ratzinger? Er predigte nicht wie ein Professor, sondern sagte in schlichten und einfachen Worten, die ich mein Lebtag nicht vergessen werde: »Alle Menschen wollen eine Spur hinterlassen, die bleibt. Aber was bleibt? Das Geld nicht. Auch die Gebäude bleiben nicht; ebenso wenig die Bücher. Nach einer gewissen, mehr oder weniger langen Zeit verschwinden alle diese Dinge. Das Einzige, was ewig bleibt, ist die menschliche Seele, der von Gott für die Ewigkeit erschaffene Mensch. Die Frucht, die bleibt, ist daher das, was wir in die menschlichen Seelen gesät haben – die Liebe, die Erkenntnis; die Geste, die das Herz zu berühren vermag; das Wort, das die Seele der Freude des Herrn öffnet.«

Als ich das las, da habe ich gesagt: »Jupp, dich hätt' ich auch zum Papst gewählt!«

Eine »Geste, die das Herz zu berühren vermag«, ist für mich, die Hand eines geliebten Menschen zu halten. Jeder erinnert sich wahrscheinlich noch an das Gefühl des Verliebtseins und die Unsicherheit, die anfangs damit einhergeht. An den Moment, wenn man mit klopfendem Herzen nach der Hand der Auserwählten tastet, und an die Freude, wenn diese dann ihre Hand nicht empört zurückzieht, sondern sich umfassen lässt, den zärtlichen Druck vielleicht sogar scheu erwidert. Das erste Mal Hand in Hand zu gehen ... Was ist das für ein Glücksgefühl!

Und ich werde nie vergessen, wie ich als junger Vater mit meiner Familie im Urlaub war in den Bergen. Wir waren auf Wanderschaft, und wie so oft trottete ich dahin, mit den Gedanken ganz woanders, als sich auf einmal eine kleine Hand in meine schiebt, voll Vertrauen! Diese Hand meiner kleinen Tochter, die sich in meine schiebt ... Das werde ich nie vergessen. Das hat eine solche, fast schmerzhafte Welle der Liebe in mir ausgelöst ... Ich dachte nur: »Kind, was hab' ich dich lieb!«

Als Diakon bringe ich bei Trauungen gerne ein Zitat, von dem ich meine, dass es aus einem Brief von Goethe an seine Frau Christiane stammt, nämlich: »Ach, dass ich das errungen hab': Deine Hand in meiner, fest und warm.« Ist das schön oder ist das schön? Gerade weil es so schlicht ist! »Deine Hand in meiner, fest und warm.« In der Liturgie der Trauung heißt es ja auch »Reichet einander nun eure rechte Hand«, woraufhin die Hände dann mit der Stola umwickelt werden. In der Predigt sage ich dann schon mal: Was ich euch wünsche, ist nicht lebenslanges Verliebtsein – das gibt es nicht. Was ich euch wünsche, ist, dass ihr als alte Leute auf einer Bank sitzt in einer schönen Landschaft und in die untergehende Sonne schaut. Es ist gleichzeitig die untergehende Sonne eures Lebens. Und dass dann der eine zum anderen sagt: »Ach, weißt du noch, wie wir bei der Hochzeit nebeneinander in der Kirche saßen?« »Jaja, das weiß ich noch.« »Weißt du auch noch, was der Willibert damals gepredigt hat?« »Ach ja, der Willibert ... ist auch schon lang tot.« »Ja, aber weißt du das noch, was er damals gesagt hat?« »Ja sicher doch!« »Und jetzt sind wir zwei doch tatsächlich fast das ganze Leben lang zusammen – was meinst du dazu?« Dass dann der andere sagt: »Ach, dass ich das errungen hab': Deine Hand in meiner, fest und warm.«

Selig der Mensch, der in seinem Sterben jemanden hat, der seine Hand hält. Und wenn ich dann noch sagen kann, wie Kardinal Meisner – Gott hab' ihn selig – es immer getan hat: Sterben ist von der einen Hand Gottes in die andere Hand Gottes zu wechseln, dann brauche ich die Finsternis des Todes nicht zu fürchten. »So nimm denn meine Hände und führe mich bis an mein selig Ende und ewiglich«, singen wir manchmal im Gottesdienst. Liebe heißt nicht Verliebtsein, sondern Liebe heißt: »Ich lass' dich nie allein!«

Benedikt XVI. hat dafür beim Angelus Allerseelen 2008 bewegende Worte gefunden: »Ich bin auferstanden und bin jetzt immer bei dir, sagt uns der Herr, und meine Hand trägt dich. Wo auch immer du fallen magst – du wirst in meine Hände fallen, und ich werde sogar an der Pforte des Todes da sein. Wohin dich keiner mehr begleiten kann und wohin du nichts mitnehmen kannst, dort warte ich auf dich, um für dich die Finsternis in Licht zu verwandeln.« Das ist Glauben, das ist Ostern – wunderbar!

Dank

Mein Dank gilt allen, die mir die Wunderwelt der Religion erschlossen und den Glaubensmantel der Geborgenheit umgelegt haben, der mich bis heute wärmt: Mama und Papa, Mamas Familie – von Onkel Juppa und Tante Mia bis Onkel Bruno –, Wolfgang Kraft und viele andere.

Mein Dank gilt allen, die mir das Tor zum Zaubergarten der Märchen und Gedichte geöffnet haben: Michael Ende und Ottfried Preußler, Enid Blyton und die Gebrüder Grimm, meine Schwester Maria und ihr Fuchs Schlaumeier, Böll und Boccaccio, Homer und Stephen King, André Heller und Hans Conrad Zander, Reinhard Mey und viele mehr.

Und mein Dank gilt Kathrin Becker, meiner »best ghost ever«, der es gelang, die Flut meiner Worte und Gedanken in einen ruhigen Fluss zu verwandeln.

Mit Willibert Pauels durch den Garten des Lebens

256 Seiten
Gebunden
ISBN 978-3-451-03475-6

Freude und Lachen, Trauer und Tränen, Gelassenheit und Genießen: Willibert Pauels kennt das Leben mit all seinen Facetten. In seinem Buch führt der beliebte Diakon Willibert Pauels durch den Garten des Lebens. 52 Impulse voller Feingefühl, Humor und Lebensfreude. Ein Buch, das durch das ganze Jahr begleitet und das Leben in vollen Zügen auskostet.

In jeder Buchhandlung!

HERDER

www.herder.de

Quellenhinweise

S. 50 f.: Kurt Marti, abendland. gedichte, Erstausgabe im Hermann Luchterhand Verlag, Darmstadt und Neuwied, 1980.

S. 212: Textauszug aus: Gottesdiener, Petra Morsbach, erschienen im Penguin Verlag © Petra Morsbach.